移动产业内容服务
采纳与市场扩散研究

RESEARCH ON MOBILE CONTENT SERVICE ADOPTION AND DIFFUSION

黄浩◎著

当代中国出版社
Contemporary China Publishing House

图书在版编目(CIP)数据

移动产业内容服务采纳与市场扩散研究/黄浩著.
—北京：当代中国出版社，2015. 2
ISBN 978-7-5154-0503-2

Ⅰ. ①移… Ⅱ. ①黄… Ⅲ. ①移动通信—商业服务—研究 Ⅳ. ①F626.5

中国版本图书馆 CIP 数据核字(2014)第 199089 号

出 版 人　周五一
策划编辑　王延新
责任编辑　王延新　黄　珊
责任校对　康　莹
装帧设计　李晓红
出版发行　当代中国出版社
地　　址　北京市地安门西大街旌勇里 8 号
网　　址　http://www.ddzg.net　邮箱：ddzgcbs@sina.com
邮政编码　100009
编 辑 部　(010)66572264　66572132　66572154　66572434　66572180
市 场 部　(010)66572281 或 66572155/56/57/58/59 转
印　　刷　北京润田金辉印刷有限公司
开　　本　880×1230 毫米　1/32
印　　张　6.5 印张　181 千字
版　　次　2015 年 2 月第 1 版
印　　次　2015 年 2 月第 1 次印刷
定　　价　35.00 元

目　录

摘　要

当前，人们的注意力越来越多地停留在三块屏幕上，一块是电视屏，一块是电脑屏，还有一块是以手机为代表的移动终端屏幕。在这三块屏幕上，我们正消费着大量的内容产品，而且，随着移动终端销售量超越电视和PC电脑，通过移动终端消费的内容产品将大幅超越通过电视和电脑消费的内容产品。另外，在未来的移动应用中，移动内容服务作为一种重要的移动商业形式，由于其潜在的巨大利润空间，已经受到越来越多企业人士和研究者的重视。移动内容服务的发展离不开消费者的使用，消费者接受并广泛采纳移动内容服务，是企业盈利和移动内容服务价值链存在的基础。因此，移动内容服务采纳与市场扩散的研究成为具有理论和实践意义的重要课题。

本文从三个层次开展对于移动内容服务采纳与市场扩散的研究：第一个层次从消费者角度研究影响用户采纳移动内容服务的主要因素，以及这些影响因素的变化趋势；第二个层次从厂商（移动运营商和内容提供商）角度研究移动内容服务采纳的模式，即产业链的均衡状态；第三个层次从市场的角度分析移动内容服务市场扩散的规律和趋势。

首先，为了研究哪些因素影响消费者采纳移动内容服务，以及这些影响因素在消费者使用过程中的变化，本文根据相关基础理论，提出移动内容服务采纳的静态比较模型。这个静态比较模型以经典的TAM理论为基础，引入了信任因素，并把信任作为核心的中介变量，其他前置变量通过信任因素与TAM结合起来，这样，在保证模型简洁性的前提下，提高了模型的解释能力。在使用样本数据验证模型的过程中，区分了潜在消费者和忠实消费者，分别验证不同消费者对于理论模型的适应性，并进行了比较分析以揭示采纳因素的变化趋势。研究发现，感知有用性是消费者采纳移动内容服务的必要而非充分条件，信任和信息质量因素起到了关键作用，潜在消费者向忠实消费者变化的过程中，个人信任倾向和企业声誉对消费者信任信念的作用在弱化。另外，作为关键的中介变量，由于信任对于消费者采纳移动内容服务具有重要的作用，而且消费者在使用移动内容服务的过程中信任因素会发生相应的变化，因此，本文建立了第二个理论模型用于研究移动内容服务消费者信任的变化。研究利用不同类型消费者的样本数据代表消费者信任状态的不同阶段，通过实证方法实现了对信任动态变化的分析。研究发现，由于移动内容服务处于应用早期，消费者信任信念的变化较快，信任信念的形成受到使用满意度的影响较大，而受到早期信任信念的影响并不显著。

其次，对于厂商采纳移动内容服务模式的研究，本文通过分析价值链主要参与者行为策略的选择和相应的效用，建立了一个两个阶段的完全信息动态博弈模型，通过求解纳什均衡解，对企业采用何种模式为消费者提供移动内容服务进行了均衡分析。

最后，由于移动内容服务的市场扩散服从于创新扩散的基本规律。根据学术界对于创新扩散概念的界定，本文深入分析了新产品或服务的市场扩散机制，以及影响其扩散的主要因素。针对移动内容服务与移动手机市场扩散具有很强相关性的特点，基于 Bass 创新扩散的理论，本研究构建了移动内容服务市场扩散的附随扩散模型，并把移动手机作为附随扩散模型的基础产品，选择 1997 年到 2010 年的数据对移动内容服务市场扩散的规律和趋势进行拟合与分析，从中总结出移动内容服务在中国市场扩散的基本态势。

本文研究的特点和创新性主要体现在三个方面：

第一，扩展传统解释模型。在移动内容服务的环境中，本研究对 TAM 模型进行了扩展，引入了信任因素，并把信任作为核心的中介变量，其他前置变量通过信任因素与 TAM 结合起来，这样，在保证模型简洁性的前提下，提高了模型的解释能力。

第二，动态的研究方法。关注“变化”是本研究的特点之一。

与传统采纳研究注重解释因素的辨识不同，本研究侧重于分析这些影响采纳的因素在消费者使用移动内容服务过程中的变化情况，因此，本文建立了两个模型，一个是采纳的比较模型，另一个是信任变化的分析模型，通过模型的验证，实现了对移动内容服务采纳因素变化的研究。另外，本研究使用博弈论的方法，分析了移动内容服务提供商采纳何种服务模式的决策过程和均衡状态，该完全信息动态博弈模型也是立足于分析采纳模式的动态形成过程。

第三，微观与宏观结合的研究的视角。本文从消费者、厂商和市场三个层次实现对于移动内容服务采纳与市场扩散的研究。传统的采纳研究大多从个体角度分析消费者采纳某项产品或服务的影响因素。而消费者个体的决策因素会影响服务提供商的决策，进而对于整个产业链产生影响，最终也会在市场层面上体现出新产品、新服务扩散的规律。因此，从微观、中观和宏观三个层次研究移动内容服务的采纳与扩散有助于全方位的把握研究对象。

本研究的主要贡献体现在三个方面：第一个方面是为移动内容服务在中国市场的采纳与市场扩散提供了理论解释；第二个方面是通过分析移动产业链的均衡状态，为企业制定发展战略，政府制定产业政策提供了理论依据；第三个方面是分析了移动内容服务市场扩散的规律和趋势。

关键词：采纳，市场扩散，移动电子商务，移动内容服务，信任，结构方程模型，动态博弈，Bass 模型，附随扩散

第一章 绪 论

1.1 研究背景

进入21世纪以来，各大电信运营商业务相互交叉、相互融合，同质化竞争现象严重，移动通信对固话的替代不可逆转，VoIP等新业务也对传统业务形成了冲击，并且各大运营商业务结构不尽合理，语音业务所占比重较大，随着语音业务资费的下滑，运营商的利润空间也在不断缩小。基于以上原因，中国各大电信运营商自2005年以来纷纷提出企业转型的思路，开始了向综合信息服务商的转型，例如中国电信的“综合信息服务提供商”和中国移动的“信息服务专家”转型战略。各大运营商在转型过程中又以业务产品转型为先导，在发展实践中，各运营商都认识到信息服务应用无限的道理，大打信息服务增值品牌，大力发展信息服务。各家都依托自己本来的通信优势，结合各自品牌，推出多种信息服务业务。

另外，随着手机、IPad等移动终端用户数量的迅速增加，各种移动终端设备层出不穷。手机等移动终端在中国的普及促进了移动内容服务业在中国的增长，业务增长的原因和方式，吸引了众多业内人士和学者的关注。同时，与移动内容服务相关的研究也随着实践的发展逐渐丰富，促进了移动内容服务的健康发展。

在移动内容服务的实践中，运营商究竟如何结合自身特点，有效推广服务产品，哪些因素对移动内容服务产品的采纳和市场扩散有重要影响，运营商从哪些方面提升自身在移动内容服务领域的核心竞争力，完成顺利转型，这些问题成为产业界亟待解决的重要课题。

1.1.1 移动传播媒介和第五媒体

人类的生活时时刻刻离不开信息，但是信息却不具备在人群中自我传播的能力，需要借助某种工具或手段。这种工具和手段作为信息传播媒介随着人类社会的进步而不断发展，同样，传播媒介的发展也推动了人类社会的进步。手机等移动终端的出现和迅速普及，使移动终端成为一种重要的信息传播媒介。手机等移动终端传播媒介和信息产品销售的结合使移动终端成为一种可以进行信息产品销售的传媒。移动内容服务大大推进了手机向大众媒体的演变。

1. 传播媒介

传播学研究传播的概念和本质，信息与对象交互作用的规律，信息的产生与获得、加工与传递、效能与反映，各种符号系统的形成及其在传播中的作用，各种传播媒介本身的地位和作用，传播与社会各领域、各系统的关系等。传播学出现在20世纪30年代的美国，第二次世界大战后传入西欧和日本，并逐渐为世界上许多国家所重视。信息传播的过程非常复杂，但是每一次具体传播活动的基本过程是相似的。研究传播学的学者采用模式的方法对传播的过程进行研究。模式是对事物相似性的抽象描述，一个模式试图表明结构或过程的主要组成部分以及这些部分之间的相互关系。

技术的发展不断推动传播媒介的变化，新的传播媒介也正是伴随着新的技术发展而发展的。目前公认的大众传播媒体为以下四种：

第一媒体是报纸，出现于19世纪，属于信息消费的印刷时代，对于受众用户来讲是纯粹的灌输模式，用户是完全被动接受。

第二媒体是声音广播，出现于20世纪初，它取代了一部分报纸的功能，属于电力时代。美国的ABC、NBC、CBS等大的广播托拉斯开始出现。美国无线电公司（RCA）成为这个时代的象征。有了这种有声广播，各种新闻可以在各种场合传播。人们可以一边做事，一边收听广播。

第三媒体是电视，出现于“二战”以后，同属于电力时代。很明显，电视不但有声，而且还有图像。它的传播效果比无线电广播更要好很多。改革开放以来，中国的电视得到了迅猛的发展，现在的电视机拥有量达到3亿多台。几乎每个城市家庭都至少有一台。大多数家庭在晚饭以后，是坐下来看电视。

第四媒体是互联网，20世纪末开始的一场革命对人类社会产生深远的影响，这场革命被称为“信息革命”。而推动信息革命的力量是信息传播媒介的变化。网络传播作为通过互联网的人类信息的传播活动，被称为继报纸、广播和电视之后的第四种信息传播方式。互联网传播的出现引发了人类社会的信息革命。

2. 手机等移动终端成为第五媒体

手机作为一种基本的通信工具的出现和迅速普及，以及手机所能提供的信息服务能力不断加强，已经使手机成了人类一种新的信息传播媒介，手机也被称为继互联网之后的“第五媒体”。作为一种信息的传播媒介，手机媒体有着明显不同于其他媒介的特点。（1）手机是人类目前唯一随身携带的通信工具，手机提供了随时随地参与信息传播的方式。而报纸、广播、电视和互联网却无法保证受众随时随地获取信息。（2）手机作为信息传播的媒介具有最快的信息传播速度。因为传统的信息传播媒介的信息传播模式是从传播者到接受者的单向的信息传播模式，而移动信息传播模式却不同。移动信息的转发使每一个接受者又成为传播者，信息的这种自我传播大大加快了移动信息的传播速度。在相同的时间内，移动信息与报纸、广播、电视和互联网相比可以把信息传播到更多的人群。（3）移动终端作为信息传播的媒介具有非常强的交互性。移动设备的交互性使移动信息非常方便地与各种行业结合，从而传递和用户相关的信息。这种交互性的作用将推动“大众传播”的模式进入“分众传播”的阶段。（4）移动设备作为信息传播的媒介可以直接实现信息的消费。由于移动信息在传播信息时有电信网络的支撑，可以非常方便地实现信息的计费和收费，而广播、电视和互联网却不支持信息的直接消费，无法建立信息消费的直接商业模式。移动内容服务实现的信息消费对信息传播媒介的影响是巨大的，一方面移动信息可以决定信息的价值；另一方面移动内容服务提供了整合报纸、广播、电视和互联网等不同传播媒体的商业模式。（5）移动设备作为信息的传播工具，具备了报纸、广播、电视和互联网传播信息的能力，成为多媒体的信息传播媒介。移动内容服务具备了报纸的文字信息传播能力，通信功能具备了广播的语音信息传播功能，通过移动终端的数据业务也可以实现收看电视和登录互联网的能力，因此从技术手段上说，移动终端具备了目前所有大众媒介的信息传递能力。

3. 第五媒体传播学

移动终端成为第五媒体给传播学带来了新的研究课题，第五媒体的管理和运营需要新的理论支撑和实践，传播学也将出现针对移动媒体的新的分支。新的理论的突破将大大推动第五媒体在实践中的运营。

传播模式是传播学中的理论基础，第五媒体带来了新的信息传播模式。在拉斯韦尔的传播模式中，信息的传播是单向一维的。在第五媒体的信息传播中信息传播的模式发生了变化，移动内容服务成为第五媒体信息传播中的一种重要模式。这种模式加快了信息传播的速度，加强了信息传播的效果，降低了信息传播的成本。

移动内容服务创造了大众传播（Mass Communication）的一种新传播模式。人际传播是个体与个体之间的信息交流活动。交互性是人际传播的最大优势，人际传播是双向的，因此，人际传播可以达到非常深入的效果。但是传统的人际传播的局限是传播的范围有限，并且传播的信息资源也相对匮乏。大众传播是指专门的传播结构通过特定的技术手段或工具向为数众多、分散的受众进行的大规模的信息传播活动。大众传播超越了人际传播的局限，可以通过传播媒介把信息传播给为数众多的、地域分散的广大受众。但是大众传播是信息的单向传播，没有信息的反馈和交互，传播的深度和效果远远不如人际传播。

第五媒体的信息传播模式由四个环节构成：信息、接收者、传播者和媒介。第五媒体传播模式的起始是信息本身，对信息的内容分析是激发传播的前提。因为只有对大众有价值、大众关注的内容才能够由大众主动地接受，同时，内容的形式也非常重要，如果仅有大众关心的信息，但是表达方式晦涩难懂，毫无趣味，有效的传播也无法进行。而信息采用好的表达形式，可以加速信息的传播，就像好的广告可以给所宣传的内容穿上美丽的外衣，传播的受众对于外衣的关注足以达到广告期望的传播诉求。

接收者是第五媒体传播模式的第二个环节，接收者是信息的受众和直接接收者，对于受众的分析是激发传播的重要环节。社会的人群中总有一些对于信息非常敏感的种子用户或者意见领袖，他们往往朋友众多，对新事物接受很快，在他们各自所处的小圈子内引领着时尚的潮流。对受众的分析就是要分析发现这样的种子，并且为他们提供业务的体验。

传播者是第五媒体传播模式的第三个环节，传播者是信息的主动传播源，他们把信息向大众人群中传播出去。消费者分析是激发传播的关键环节。消费者分析就是研究信息的接收者采纳信息服务的影响因素，并通过这些因素的调控实现信息接收者向忠实的信息服务采纳者的转变。这些因素的研究涉及心理学和社会学等不同学科的范畴，同时，这些因素也是激发信息服务采纳者产生并完成向忠实信息服务消费者的转变的关键所在。

媒介是第五媒体传播模式的第四个环节，媒介就是信息得以传播出去的途径和手段。目前移动终端支持的传播手段是较为成熟的途径。因为能够成为传播途径的前提是移动终端支持该业务功能且该业务功能具有一定的普及率。媒介分析就是要研究方便传播的技术手段。由于信息服务的接收者是普通的广大群众，因此需要承担信息传播的媒介要有非常方便的操作性能，每增加一步操作，都会失去大量的信息接收者，使传播的覆盖效果大打折扣。媒介的分析对于认识移动终端作为第五媒体的形态具有重要的意义。这些研究的结果可以直接应用到媒体管理、市场营销和品牌传播等各种领域。移动内容服务的建立可以推动第五媒体的发展，也将推动移动增值业务的发展走向新的阶段。

1.1.2　移动传播环境的完善

移动互联网是以移动运营商的网络为基础，以用户手机为终端载体，以数据增值业务为核心的手机上网无线互联网络（袁雨飞，2006）。据中国互联网络信息中心（CNNIC）2012 年 1 月发布的

《中国互联网络发展状况统计报告》显示，截至2011年12月31日，移动应用发展状况良好，总体呈现出沟通类应用与信息获取类应用领先发展，娱乐类应用发展相对缓慢的特点。2011年年底，中国手机网民规模达到3.56亿，同比增长17.5%，手机网民在手机用户中的渗透率为36.5%。随着智能手机功能越来越强大，移动应用出现创新热潮，同时其价格不断走低，"千元智能机"的出现大幅降低了移动智能终端的使用门槛，从而促成了普通手机用户向移动互联网用户的转化，这将对移动互联网的发展起到了非常积极的作用（吕廷杰，2006；袁雨飞，2006）。目前，手机数据功能的日益丰富和价格门槛的降低使国内用户能够得到更快捷、更便利的移动互联网服务，中国的移动互联网业务已经渡过了初步的用户培育期，为将来的发展打下了雄厚的基础。

另外，移动电子商务正在形成一个庞大的市场。在引进各种创新的移动电子商务服务平台以后，移动电子商务业务飞速增长，尤其是在日本和韩国（李岩，2005）。现在，更多的服务供应商推出更多的移动 Internet 内容和服务，例如即时信息、工程设计、物流、医疗保健、销售自动化、市场营销 CRM、任意位置的电子邮件、基于位置的宣传等等（Huang，2007）。在中国，移动电子商务的应用范围包罗万象，例如提高工作效率、在线交易、企业应用、获取信息和娱乐消费，这些服务将会在企业用户、专业人士和消费者中受到广泛的欢迎（钱博，2004）。据有关方面统计，2007年以来，通过手机购票成为最主要的零售种类，2009年其收入将达到390亿美元，全球移动电子商务的收入将达到880亿美元，其中无线射频识别标签和红外线技术对手机购物的影响将占据最为重要的地位。随着移动通信的发展，WAP上网已成为一种被大众接受的互联网接入方式，尤其是3G/4G时代的来临，手机上网必将成为另一种重要的上网方式。同使用电脑上网相比，手机上网几乎不受时间、空间、设备的限制，上网费用被大众接受后，为移动电子商务的进一步发展提供了很好的基础。移动电子商务作为一块尚待开发的领域，由于其巨大的市场潜力，已经成为电信界、金融界、IT界关注的重点（Shih J. N.，2002）。

尽管移动电子商务在中国已经取得了一定的发展，但是由于现阶段移动通信运营商、银行、商户和移动电子商务服务使用者自身条件等诸多方面的限制，中国的移动电子商务仍旧处于起步阶段，很多应用还是处于试点阶段，还未得到广泛的推广和应用。不过，移动电子商务已经显示出了强大的发展势头，中国因其庞大的人口基数，必将成为移动电子商务的巨大市场。

对于移动运营商而言，随着信息技术的渗透，语音业务作为一种最基础的电信业务，已经无法满足用户个性化、多元化的需求。从市场反应来看，目前消费者需要的是富于个性化、具有智能化的电信服务，需要的是全方面、多层次、立体化的便捷服务。根据IDC的统计，在世界网络业务中，电话业务增长率为10%，而数据业务年增长率则为40%。按照这样的发展速度，到2020年数据业务极有可能取代电话业务成为电信的主营业务。为了发展无线数据业务，中国移动和中国联通分别推出了移动梦网和互通视界。移动梦网同时提供Web和WAP服务。WAP主要提供无线数据业务、统一信息服务、SP合作业务。许多著名的网站都向用户开通了丰富多彩的移动梦网服务，如各类新闻、股市信息、天气预报、外汇行情、城市信息查询、商业广播等。随着新用户逐渐成熟，移动内容服务将成为移动市场进一步发展的动力。

1.2 研究的意义

我们正处于3G/4G的时代，移动运营商已经将移动内容服务看作3G/4G应用的“杀手级服务”之一，其不仅可以大大增强用户的黏性，并且还有利于3G/4G时代的移动电视、移动游戏、虚拟社区等增值业务的推出，带动移动电子商务的高速发展。移动内容服务发展的基础是消费者的接受和市场扩散，而就国内外现有的研究而言，基于用户和市场的角度，探讨影响消费者接受移动内容服务影响因素的研究不多，这也和移动内容服务在国内外起步较晚有一定的关系。因此，面对这样的新生事物，深入理解用户的使用意向，分析影响用户采纳的影响因素，把握移动内容服务产业链均衡模式和市场扩散的规律，是具有理论和实践意义的一项研究。

1. 理论意义

技术接受模型（TAM）被公认为是创新采纳研究领域中解释或预测使用者对于系统接受程度的最佳模型（O'Cass A. & Feneeh T.，2003）。个体使用创新系统的意向与使用系统的行为显著相关，是决定使用者行为的主要因素，其他因素通过意向影响用户的系统使用行为（Davis F. D.，1989）。本文将TAM理论放置在移动内容服务的背景下，探索在新的研究环境中TAM的有效性，并结合消费者信任、信息质量等因素构建消费者接受移动内容服务的理论模型，实现TAM模型在移动内容服务领域的扩展，增强其解释能力。

目前，国内关于移动内容服务的文献并不是很多，大部分属于介绍式或是评论性的文章，基于消费者和市场的角度进行移动内容服务的研究很少。尽管全球移动内容服务业务的发展已经进入快车道，但研究的样本会因国别、经济、文化观、消费观的不同而得到不同的研究结论。本研究就是从中国用户、企业和市场的角度出发，探究影响消费者采纳移动内容服务的影响因素及市场扩散的规律。借此，希望能够为该领域的研究提供一个适合中国市场的理论解释。

2. 实践意义

近年来，随着移动运营商进入到移动内容服务市场，其对我国当前的移动内容服务产业造成了巨大的影响，移动内容服务的产业模式也将随之发生新的变化。尽管运营商跃跃欲试，然而，移动内容服务终究是一个新兴的市场，在目前的阶段，了解消费者的需求和消费行为的特点是摆在运营商和内容提供商面前的共同问题。

本研究结合理论研究和实证研究，运用调查问卷收集数据，通过对数据的分析，能更加准确地把握用户的消费心理、消费习惯，以及市场的发展态势，可以为产业链中的移动运营商和内容提供商提供有针对性的管理建议，制定合适的市场推广战略，培育更广泛的用户群体，吸引用户通过移动内容服务来使用更多的移动增值业务，增强用户的黏性和忠诚度，最终促进整个移动市场和产业链的迅速发展。

目前，移动内容服务业务仍然是处于早期的发展阶段，通过相关问题的研究，对于信息服务提供商如何调整自己的定位，对于运营商在这个阶段如何更有效地整合业务资源为3G/4G业务的发展做好储备，对于政府监管部门如何解决业务发展中存在或即将出现的问题，对于产业关注者如何把握市场进入机会，都具有很好的借鉴作用。

1.3　主要概念的界定

随着移动设备的普及和无线技术的发展，移动电子商务已经成为一种重要的商务形式。Coursaris 和 Hassanein 认为移动电子商务可以作为电子商务的一个子类（Coursaris C. & Hassanein K. ，2002）。Balasubramanian 等人把移动电子商务分为内容服务和交易两类，其中，移动内容服务指用户通过手机等移动设备订阅重要的新闻、天气信息、财经信息、娱乐信息和基于定位的信息以及广告等（Balasubramanian S. ，2002）。H. Joseph 也将移动电子商务应用分为两种模式：内容传递模式和交易模式。在内容传递模式中，服务提供商向用户提供基于内容的服务，而用户则把移动终端作为获取内容的渠道，如订阅新闻、个性化信息服务、在线游戏、上网、下载音乐等（Joseph H. & Wen，2005）。交易模式是指在移动设备上进行涉及金钱的交易，如订机票、手机银行等业务。IDC 的专家对中国移动电子商务的发展前景进行了预测，并总结了十个关键的发展趋势。其中最为重要的一个趋势就是消费者使用移动设备主要是获取内容而不是进行事务处理和交易。此外，中国的章勤俭和芬兰的 Anckar 都发现，内容传递类应用是移动电子商务应用中最容易被接受的（Anckar B. et al，2003；章勤俭，2006）。

从现有研究成果看，研究者普遍认为移动内容服务是移动电子商务的一种重要类型，而移动电子商务从属于电子商务的研究范畴，因此，本研究借鉴了大量电子商务和移动电子商务领域关于采纳和扩散的研究成果。另外，本研究中采纳、采用和接受具有相同的概念内涵，行文中用词的选择只是为了表达流畅。

1.4 研究的视角与内容

1.4.1 采纳与扩散的分析视角

描述创新产品或服务市场过程的模型主要有采纳模型与扩散模型两类。对于采纳模型来说，其前提是假定消费者是理性的，强调的是对消费者个人的行为模式进行分析。而在扩散模型中，典型变量是T时期创新产品或服务的采用量，与强调对消费者个体的反应相比，扩散分析更多的是着眼于对市场总的反应与分析。

创新产品或服务的市场采纳与扩散是一个复杂的过程，在这个过程中，既有创新产品信息的传播、用户的学习采纳，也有产品供给者之间的竞争和博弈。其实，创新产品或服务市场扩散过程是用户采用过程和供给者产品扩散过程的一体化，我们称之为广义的扩散过程。用户采纳过程与产品/服务的扩散过程的区别在于考察问题的角度不同：前者是从微观角度观察消费者个体由认知、试用、接受产品/服务，到成为该产品的忠诚购买者的过程；后者则是从产品/服务供方角度，宏观分析产品在市场上传播并被潜在消费者采纳的更为广泛的问题。Robertson 和 Gatignon 于 1986 年提出的采用和扩散的一体化模式（图 1-1），为我们完整地认识采纳与扩散的关系提供了很好的解释，也为我们研究移动内容服务采纳与市场的扩散提供了借鉴。

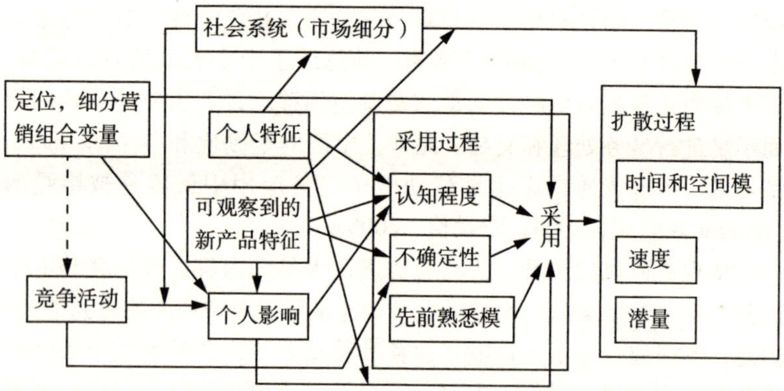

图 1-1 采纳与扩散的分析视角

采纳行为是创新扩散研究的微观基础，创新的采纳理论着重分析消费者的决策因素，由此形成的采纳模型建立在采纳者群体的异质性假设基础之上，与扩散模型将市场作为一个整体来检验总体的行为并分析扩散过程有所区别。

1.4.2　研究的主要内容

目前，移动内容服务在中国的发展仍然没有达到十分成熟的程度，一些较为先进的移动内容服务，诸如基于位置的内容服务、目标广告等正处于发展过程中。我们可以看出，不是技术，而是合适的技术使用和服务的特点决定了移动内容服务是否成功，那么，哪些因素影响移动内容服务被消费者接受，以及这些影响因素在消费者使用移动内容服务过程中的变化趋势就值得深入研究。

移动内容服务被采纳不仅依赖于消费者所处的环境，也依赖于移动内容服务的本质特征。忽视移动内容服务自身的特点，直接使用已有的采纳模型去解释移动内容服务的采纳，毫无疑问是不合适的。

移动电子商务又被一些学者称为“U－商务”，移动电子商务的特性在于：无所不在（Ubiquitous），通用（Universal），独特（Unique），统一（Union）（Watson R. T. & Pitt L. F.，2002）。Tsalgatidou和Pitoura（2001）认为，相对于传统电子商务，移动电子商务具有位置敏感性、可适应性、无处不在性、个性化和广播的特性（Tsalgatidou A. &Pitoura E.，2001）。还有一些学者将移动电子商务的特性总结为位置相关性、紧急性和随时随地访问三个方面（袁雨飞，2006）。移动内容服务也具有移动电子商务的特点，同时移动内容服务提供的是信息服务，这种信息服务随时随地传送，具有个性化“推”送的特点，这些独特的性质决定了影响消费者采纳移动内容服务的因素和它们之间的结构关系。首先，移动内容服务的用户与移动设备是一对一绑定的，这就要求为用户提供的内容服务具有个性化，可以定制，如目标广告、基于位置的信息等。其次，由于移动设备的特点，决定用户可以不受时间、地点的限制获得移动内容服务，因此可以提供一些对及时性要求高的信息服务，如股票价格变化、航班时间变更等。

移动内容服务是一种“推式”服务，与用户在网站浏览信息不同，服务商“推”给用户的信息是否符合用户的需要，推送的时间和频率等因素直接决定着服务质量，从而最终决定者用户感知此项服务是否有用和对服务商能力的信任程度。由此可以看出消费者对移动内容服务的质量是较为敏感的。

现有文献大量研究的是影响消费者采纳某种技术的因素，没有分析消费者在采纳过程中信念和态度等因素的变化趋势。本研究将不仅分析影响消费者接受移动内容服务的主要因素和它们之间的结构关系，而且还将构建一个具有时间概念的模型，来分析消费者从未采纳到采纳移动内容服务的过程中，采纳因素的变化趋势，以及相同因素采纳前后之间的相互影响。总结主要研究内容和目标如下：

1. 基于 TAM 的移动内容服务采纳因素变化趋势研究

Balasubramanian 等人把移动电子商务分为内容服务和交易两类（Balasubramanian et al，2002）。其中，移动内容服务指用户通过移动设备订阅重要的新闻、天气信息、财经信息、娱乐信息和基于定位的信息以及广告等。目前，中国正在大规模部署 3G/4G 移动网络，为了收回巨大的网络基础设施投资，必须开发新的、被广大用户接受的移动内容服务，这些服务应当满足用户在技术和行为等方面的需求。为了设计出能够被用户接受的移动内容服务，必须首先理解影响用户采纳移动内容服务的影响因素。本部分的研究主要关注：（1）哪些因素影响着消费者采纳移动内容服务；（2）这些因素在消费者采纳移动内容服务的过程中的变化趋势。

本研究以移动内容服务为研究对象，以技术接受模型（technology acceptance model，TAM）为理论基础，针对移动内容服务的特点，结合信任因素对其进行扩展，并利用结构方程模型（Structural Equation Modeling，SEM）的方法，对影响用户采纳移动内容服务的行为因素进行实证研究。本研究不是传统意义上的静态分析，而是一种动态研究。传统的研究只是解释某一个时间点上消费者采纳的影响因素和它们之间的相互关系，但是，相同因素对不同时期消费者接受移动内容服务的解释能力会发生改变，因此，研究采纳影响因素在时间维度上的变化趋势具有一定的理论和实践意义。实现上述动态分析可以通过比较两个静态模型的方法，但更好的办法是在一个模型中引入不同时期的影响因素，从而实现趋势分析。

2. 结合信任的移动内容服务采纳研究

本研究把信任因素作为一个 TAM 模型的重要扩展，从而实现移动内容服务采纳的分析。因此，信任是本研究的一个核心内容，是本研究的一个中介变量。

本研究主要采用前因性研究的思路来分析消费者对移动内容服务的信任问题，从而把移动内容服务的采纳和消费者信任结合起来。在研究信任对于移动内容服务的采纳影响的过程中，本研究主要关注三方面的内容：（1）信任作为一个因素在多大程度上影响着移动内容服务的消费者接受；（2）信息的质量在多大程度上影响着消费者的信任和移动内容服务的使用；（3）潜在消费者向忠实消费者转变的过程中，影响消费者信任的主要因素。

在本研究中，主要采用基于过程的信任建立机制来分析消费者对移动内容服务的信任，进而导致购买行为倾向的理论逻辑和概念模型。具体说，就是由于信任来源于过去的相关经历和体验，它随着关系的成熟而发展，在移动内容服务中，体验过程就是消费者与内容服务供应商交往的过程，因此有理由相信，良好的交互过程将有助于建立消费者对移动内容供应商的信任态度。本研究之所以选择这一研究视角，是因为从营销学的角度来说，消费者的基本信任倾向（基于特征）是任何一个特定的内容服务供应商所不能控制的，而通过与消费者的互动却可以展示自己的可信性，从而提高消费者对自己的信任态度。同时，为了更准确地研究互动对消费者信任态度的影响，本研究准备把其他信任建立的因素纳入研究中，建立一个动态的信任模型，并说明这些因素的影响作用。

3. 移动内容提供商采纳模式的博弈分析

移动内容服务的提供方是由多个参与者构成的，他们承担的角色不同，在他们合作为客户提供内容服务的过程中，获得的利益不同，因此参与者战略选择也不一样，于是移动内容服务提供的模式是所有参与者相互博弈的过程中形成的稳定结构。本部分研究的主要内容包括两个方面：第一，在消费者愿意采纳移动内容服务的前提下，移动内容提供商将采纳何种模式向消费者提供移动内容服务；

第二，移动内容提供商采纳移动内容服务模式的决策过程。

移动内容服务提供模式的采纳分析首先要确定的博弈的参与者，由于内容产品的自身特点，内容制作商可以非常容易地直接通过运营商向用户提供内容服务，这样内容集成商的角色面临被淘汰的危险，或者说内容集成商的角色也同样可以由内容制造商承担。这部分的研究将分析内容制作商、内容集成商和运营商在提供移动内容服务的过程中不同战略选择的收益和成本，拟建立一个两个阶段的完全信息动态博弈模型，并使用逆推归纳法求解子博弈完美纳什均衡，通过分析各参与方的博弈过程以及最终的均衡状态和实现条件，确定参与者博弈的纳什均衡点，最终证明博弈参与者之间结构关系的均衡状态，从而证明移动内容服务提供方为消费者提供内容服务所采纳的基本模式。

4. 移动内容服务市场扩散研究

在移动内容服务市场扩散研究中，典型变量是 T 时期移动内容服务的消费者市场采用量，与强调对用户反应的消费者个体采纳研究相比而言，这种分析方法更多的是强调对市场总的反应。本部分的研究把移动内容服务作为电信或移动互联网提供的一种创新产品或服务，以创新扩散理论为基础，详细分析了影响移动内容服务市场扩散的主要因素。由于行业部门不存在移动内容服务相关的统计数据，本研究根据移动终端与移动内容服务具有较强相关性的特点，建立了附随扩散模型，通过近年来移动终端的使用情况，预测移动内容服务附随移动终端扩散的趋势。

本研究的创新性主要体现在三个方面：

第一，拓展了传统采纳研究的视角。本文从消费者、厂商和市场三个层次实现对于移动内容服务采纳与市场扩散的研究。传统的采纳研究大多从个体角度分析消费者采纳某项产品或服务的影响因素。而消费者个体的决策因素会影响服务提供商的决策，进而对于整个产业链产生影响，最终也会在市场层面上体现出新产品、新服务扩散的规律。因此，从微观、中观和宏观三个层次研究移动内容服务的采纳和扩散有助于全方位的把握研究对象。

第二，把“信任”作为中介变量，构造了新的解释模型。与其他模型不同，本研究把“信任”变量作为中介变量而不是前置解释变量。由于移动内容服务的自身特点，使它面临着更复杂的风险环境，因此，信任发挥着比传统的在线环境中更为重要的作用。很多研究都对在线交易环境中的信任问题进行了着重的探讨，也都强调了顾客信任是在线购物的重要前置因素。但是，移动环境和在线环境不同，影响消费者信任的因素与它们最终行为意向的相互关系值得深入研究。本研究把信任作为中介变量与经典 TAM 模型结合起来，其他因素通过信任这个中介变量与 TAM 产生联系，能够在保持 TAM 模型简洁性的同时，引入更多的解释变量，达到提高模型解释能力的效果。因此，信任变量的引入，及其在扩展模型中的作用体现了本研究的特点。

第三，动态的研究方法。从研究的方法看，以前对于采纳的研究偏重于影响因素的静态分析，目的是发现哪些因素影响消费者的采纳，而对于这些因素的变化趋势研究不够。本研究重点关注消费者在使用移动内容服务的过程中，采纳影响因素的变化。因此，模型引入体现时间维度的概念，建立了静态比较模型和动态分析模型，分析消费者采纳移动内容服务影响因素的变化特点。另外，从内容提供商的角度，引入博弈论的研究方法，分析内容提供商将会采纳何种服务模式为消费者提供移动内容服务，以及内容提供商的决策过程。在移动内容服务市场扩散研究中，本文也试图通过附随扩散模型分析移动内容服务随着时间推移，市场扩散的变化趋势。总之，关注消费者、厂商和市场这三个分析对象在移动内容服务采纳过程中的“变化”，是本研究的特点之一。

1.5　研究方法与研究思路

1.5.1　研究方法

为了实现上述研究内容和目标，本研究结合了实证研究和理论研究的方法，力求研究结论的科学性。在实际分析和研究过程中，各种分析方法交叉融合在一起。总体上采用了以下几种方法：

1. 文献研究

利用 Elsevier、Springlink、EBSCO、Google 等数据库和检索引擎，对移动内容服务、技术采纳、新产品扩散、创新扩散理论、移动电子商务等相关领域进行了广泛检索，对其中的关键文献，按照其提供的参考文献，进行了二次检索，尽量涵盖已有的重要研究。通过整理国内外相关的文献资料，总结他们的结论与成果，以此作为本研究的理论推演基础，找准本研究的切入视角及拟解决的主要问题，在逻辑推理与理论分析相结合的基础上提出相关假设，建立理论分析框架与研究模型。

2. 数理统计分析

本研究中主要使用因子分析（Factor Analysis）和结构方程模型（Structural Equation Modeling，简称为 SEM）这两种数理统计方法来对模型进行修正和验证分析。

因子分析是多元统计分析技术的一个分支，其主要目的是浓缩数据。它通过研究众多变量之间的内部依赖关系，探求观测数据中的基本结构，并用少数几个假想变量来表示基本的数据结构。这些假想变量能够反映原来众多的观测变量所代表的主要信息，并解释这些观测变量之间的相互依存关系，我们把这些假想变量称之为基础变量，即因子。因子分析就是研究如何以最少的信息丢失把众多的观测变量浓缩为少数几个因子。

结构方程模型（SEM）是统计分析方法中一个新发展的领域，它的应用始见于20 世纪60 年代发表的研究论文中，到了20 世纪90 年代初期开始得到广泛的应用。结构方程模型是一种非常通用的线性统计建模技术，广泛应用于心理学、经济学、社会学、行为科学等领域的研究，电子商务领域的研究从很大程度上综合了以上几个学科的研究成果和方法，所以 SEM 的应用也极其广泛。多元回归、因子分析和通径分析（Path analysis）等方法都只是结构方程模型中的一种特例。简而言之，结构方程模型还是利用联立方程组求解，但是它没有很严格的假定限制条件，同时允许子变量和因变量存在测量误差。本研究中的各潜在变量均不能直接测量，其标识也都存在测量误差，同时我们还要分析这些潜在变量之间的结构关系，所以 SEM 是比较合适的分析方法。

3. 博弈论的方法

博弈论是应用数学的分支，它使用模型研究交互主体的动机结构。与决策理论不同，博弈论的方法不仅考虑决策主体的行为，而且包含了所有参与者的策略选择。或者说，博弈论的方法可以研究在决策主体每个策略选择的成本收益依赖于其他战略参与者策略选择的条件下，决策主体的最优的行为决策。博弈论的研究方法已经应用在许多领域，包括经济学、国际关系、企业管理等。在信息系统领域，也有大量的研究使用了博弈论的方法，见文献（Bapna R，2003；Barkhi R.，2005；Gal－Or E.，2005；Talluri S.，2002）。如Anandalingam使用博弈论的方法分析了电子市场的设计（Anandalingam，G. et al，2005）。还有一些学者使用博弈论的方法，分析了产品特征的不同，对交易渠道选择的影响（Ba S. et al，2005）。在移动电子商务采纳的研究领域，使用博弈论方法的研究文献较少。

1.5.2　研究的主要思路

根据研究内容、方案和研究方法，制定了如下的总体研究思路，如图1－2所示。

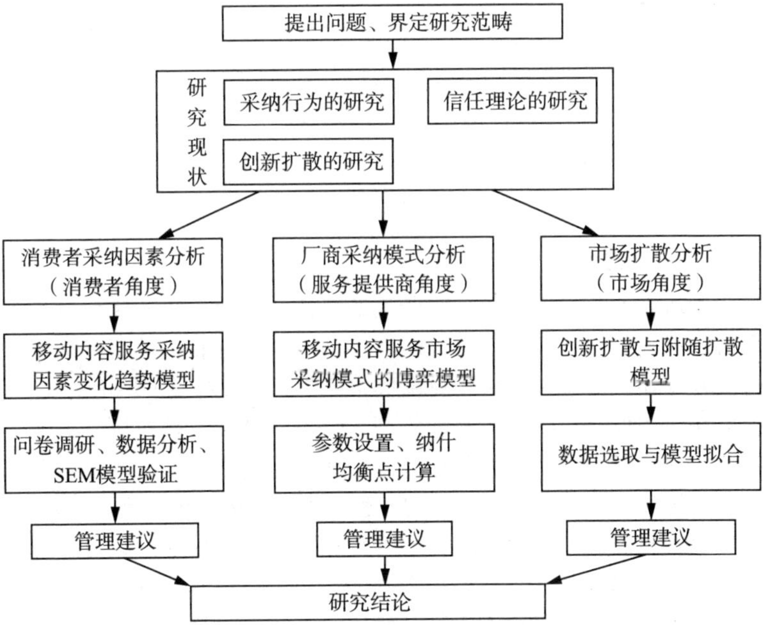

图1－2　研究的总体思路

1.6 内容结构

本书的基本结构如图 1－3 所示：

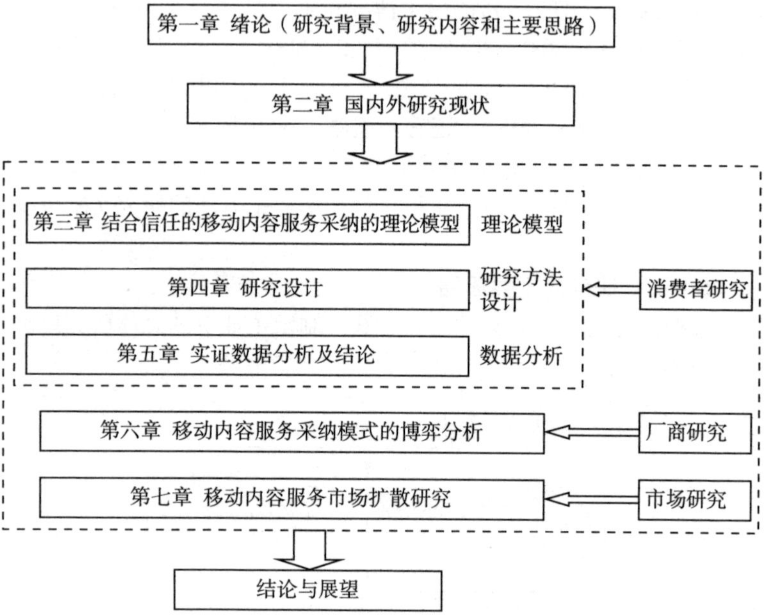

图 1－3 研究内容的基本结构

本研究的第一章主要介绍研究的背景，以及研究的主要内容和采用的研究方法；第二章对目前与移动内容服务相关的研究成果进行文献综述，澄清目前研究的现状和特点；第三章通过理论的梳理，提出相应假设，形成有待验证的理论模型；第四章是对研究方案的设计，包括量表的设计、调查的方法和数据分析的方法的设计；第五章通过对收集的数据进行结构方程分析，验证理论模型的有效性，并提出管理建议；第六章是通过博弈分析的方法研究内容提供商采纳移动内容服务的决策过程和均衡状态；第七章从宏观市场角度，通过创新扩散理论和附随扩散模型分析了移动内容服务市场扩散的规律与趋势。

第二章　国内外相关研究述评

2.1　信息消费模式的变迁

信息消费是指直接或间接以信息产品和信息服务为消费对象的消费活动，在本质上属于一种精神消费的范畴。人类社会经历了农业社会、工业社会，以及发展到今天的以计算机、互联网为支撑的信息社会，信息消费始终是人类的重要消费种类。

不同的社会阶段有不同形态的信息产品，人类也有不同形态的信息消费。而且，人类信息消费的模式随着技术的发展而变迁。印刷术的发明带来了人类以纸张为载体的信息消费，留声机的发明带来了以存储介质为载体的信息消费，广播的出现带来了注意力经济的免费信息消费，移动内容服务的发展带来了以电信网络为载体的移动网络信息消费。

1. 印刷时代的信息消费

在公元 11 ~ 15 世纪之间，经过世界上不同地方的劳动者各自的努力，文字传播的方式有了重大的变化，一种新的传播媒介——文字印刷媒体诞生了。它宣告了人类传播史上一个新时代的到来。印刷术的产生，使文字符号的机械化生产和大量复制成为可能。正是从这个时候起，出版才作为一种公共事业，一种手工业体系，一种文化的最新积累手段，一种牵涉许多门类的文化分支而相对独立出来。

信息作为一种产品被大众所消费，在印刷时代是再普遍不过的，大家都会有买报纸、订阅杂志的经历。信息通过纸张这一载体得到了传播，以体现信息和信息创造者的价值，也正因为如此，我们才有这么多的伟大文学家谱写出一幅幅人类生活的卷章。

在过去的一百年中，世界出版业发生了巨大变化，由家庭作坊逐步变成一个重要行业，甚至是支柱产业，年出版品种达到80余万种，图书市场总值超过800亿美元。在世界图书市场上，美国、德国、日本、法国、英国和俄罗斯占有较大的优势。

2. 电力时代的信息消费

到了19世纪末20世纪初的时候，人类社会的发展已经进入了现代工业社会时期，科学技术发明与传统的新闻传播方式相结合，导致了传播事业在20世纪最伟大的两大发明的出现——广播和电视。信息的传播从印刷时代进入电力时代，实现了人类信息传播的又一次革命。

广播和电视形象生动、方便快捷、不受疆域限制，成为20世纪最具影响力的大众传播媒体，也成为具有巨大社会影响和经济价值的国民经济重要产业。电影则从19世纪诞生至今，对整个社会的文化、娱乐、教育等方面产生独特而广泛的影响，同时也是广播和电视的重要节目源。广播、电影和电视已经成为世界各地人们日常文化生活的重要组成部分。

信息的传播从印刷时代进入电力时代，实现了人类信息传播的一次革命，使我们大家都成了地球村中的一个居民。但是电力时代人类信息的消费却没有形成习惯。唱片、录像带、光盘的出现，为信息的传播找到了新的承载形式，并且信息的传播第一次达到声音、图像等多种媒体形式的综合，在满足视觉要求的同时，也延伸了人类的听觉感官。但是由于电力时代的信息复制成本很低，盗版就成了电力时代信息传播的致命伤所在，甚至盗版成了唱片和影视行业的致命杀手。

电视和广播却在走另外一条路，通过免费提供大量的信息来吸引大众的注意力，再通过广告进行盈利，这就是所谓的注意力经济模式。互联网出现的时候没有太多的机会来选择自己的道路，也只能依照电视和广播的模式发展注意力经济。注意力经济是对信息消费的否定，信息如果不能带来注意力的话就没有价值，因此也就可以理解为何电视作品中暴力场景会越来越多。商家需要靠这种暴力、血腥等最原始的刺激来吸引大众的注意力，有了大众的注意力，才会有商家的价值。

大众却从来没有反对为信息的消费买单，那么在电力时代为何大众没有形成信息消费的习惯呢？传统的广播和电视网络仅仅实现信息的单向广播传输，由于没有反向信息通道，无法实现复杂的业务逻辑，因此也就很难采用收费的模式了。

互联网的出现虽然支持信息的双向传输，可以设计各种业务逻辑，但是由于初期从事互联网业务的公司规模有限，很难建立完整的客户收费体系，来实现对信息的销售。在不具备收费条件的基础上，现实选择就是采用注意力经济的模式，互联网也由此发展为第四媒体。

3. 移动内容服务开创了网络信息消费的模式

电信网络的发展为信息消费带来了新的模式。电信网络设计的定位就是一种面向客户的服务网络，具备完善的计费、收费和客户服务体系。随着技术的发展，电信网络已经不仅仅用于声音信息的传送，现在已经具备声音、图片、文字和图像等多媒体的信息传输模式。这样电信的网络就成了信息产品销售的最佳平台，带来了网络信息消费的模式。

网络信息消费是指信息产品的提供、体验、购买和服务都通过网络实现的信息消费模式。网络信息消费模式的出现以手机等移动终端功能的提高和电信网络的完善为条件，网络信息消费模式具有以下特点：(1) 方便性。用户通过手机可以随时随地进行信息产品的消费，这种对时间和空间的超越是网络信息消费的吸引力所在。(2) 有偿性。网络信息消费不是免费的信息消费，正是通过这种模式才保护了信息产品提供者的价值，反过来又促进信息产品提供者开发出更加精彩的信息产品。(3) 私密性。手机是个人的私密物品，因此基于手机的信息产品消费具有很好的私密性。(4) 扩散性。由于承载网络信息消费的电信网络既是信息产品的销售平台，又是信息产品的传播平台，因此移动网络信息消费具有很强的传播扩散性。(5) 保护版权。由于信息产品的销售必须接入运营商的网络，运营商在接入时通过资质和版权的审核，可以有效保护创作者的版权。(6) 规模效益。中国目前有数亿以上的移动用户，信息产品的生产和销售具备规模效益的特点。移动内容业务的快速发展正是这一模式的证明。短短几年的时间，全国便产生了近万家信息产品生产者：CP/SP，开发了数量庞大的信息产品，发展了众多信息产品的消费者，培育了巨大的信息消费的市场。这些充分体现了网络信息消费模式的生命力。

移动内容服务传播的速度可以满足人们对于及时性的要求，如果按照中心处理能力计算，理论上一条信息在 1 个小时内可以送达 5 亿的移动电话。由于手机是大众随身携带的通信工具，不管何时也不管何地，人们总能读到自己收到的移动信息，因此手机作为目前最快的信息媒体方式，非常适合及时性信息的传播。采用用户定制的方式，通过手机向用户定时发送符合消费者个性化需求的信息，被大众所接受。这种信息产品的购买和提供都是通过手机直接完成，大众愿意每月付出几元来购买这种信息产品。进入移动时代是大众进行移动信息消费的开始，3G/4G 的到来为信息的消费带来更加广阔的空间。声音、图片、文字和图像等信息形式将信息产品推送到大众的手中，笑话、相声、图片等过去用来吸引注意力的信息将直接作为产品在您的手机中被销售。网络信息消费的模式将会对我们的社会产生深远的影响。

2.2 创新技术采纳研究现状

从广义上讲，ICT 领域的创新技术涵盖所有与计算机、通信相关的软硬件创新产品和服务（Cooper R. B. &Zmud R. W. , 1990）。根据韦氏大词典的定义，“接受”是指“愿意接纳他人所提供之物，出于快乐、满意或是责任”。将这一概念应用于 ICT 创新技术采纳领域，则“用户信息技术接受”指的是个人用户愿意使用信息技术。这一定义说明“接受”应当包括个体使用信息技术的行动和愿意使用的态度两个方面（Barki H. &Hartwick J. , 1989）。

用户信息技术接受是一个涉及多方面的过程，由行为、行为意向和态度组成。其中，行为指的是使用信息技术，行为意向用来衡量用户实施特定行为（使用）的意向的强弱；态度本质上是人们对行为的认知反映，即个体对于使用技术的正面或是负面的感觉。行为是行动的一种方式，是指个体的所作所为。人们的具体行为来源于他们与其所感知的环境之间的相互作用。某些行为是较为确定或程序化的非动机行为，如反应或习惯；另一些行为是有意识的思考和决策的结果，为动机所驱动并指向明确目标，称为动机性行为（方益寿，1995）。在用户信息技术接受研究中，信息技术使用行为属于后一类。

个体的态度取决于他们的一系列信念。信念是指个人所认知某行为可能产生的结果及发生的概率（Fishbein M. &Ajzen I. ，1975）。一般来说，个体的任何信念都与其行为对象的特定属性有关，反映了个体对于行为对象的认识。个体如果认为某种行为将导致他希望的或是好的结果，他对这种行为就会持赞成态度；如果他认为某种行为将导致他所不希望的或是坏的结果，他对这种行为就会持反对态度。这些态度背后的对行为结果的信念称为行为信念。一旦个体获得有关行为对象新的信息或知识，其行为信念也将相应发生改变。因此，用户信息技术接受和使用过程是个体的认知发展过程。一方面，个体的行为信念（对使用结果的认识）决定其使用意向与使用行为；另一方面，实际的使用经历又将反过来对其行为信念进行修正，并决定后续的使用意向。使用意向并非总是来源于对使用的正面态度，尤其是在使用并非自愿的情况下，如上级要求下级使用特定技术来完成工作任务。在这种情况下，用户使用信息技术的意向不仅取决于行为信念和态度，还取决于规范信念，它是指个体感受到的社会压力方面的信念，即对自己而言比较重要的人是希望自己使用信息技术还是相反。因此，用户信息技术接受和使用过程也是一个社会影响过程。

2.2.1　创新技术采纳研究的主要理论及模型

消费者采纳问题一直是比较热门的研究方向，移动电子商务的出现为消费者采纳问题的研究提供了全新的应用领域，因此移动电子商务的采纳问题也就成为许多研究者关注的研究方向。Harry 等人用聚类的方法分析了影响消费者接受并采纳移动服务的主要特性，该研究表明移动服务的特性与消费者采纳具有很强的相关性（Harry B. et al，2011）。

按照研究的对象不同，消费者采纳主要包括移动终端接受问题的研究、具体的移动电子商务应用的研究、通用的移动电子商务采纳问题研究、移动电子商务信任问题的研究等等。其中，具体的移动电子商务应用比如移动游戏、WAP 应用、移动内容服务等等；通用的移动电子商务采纳问题则把移动电子商务的各类服务内容作为一个整体进行研究，比如 B2C 移动电子商务的研究包括手机银行、移动购物、移动在线服务等等。

从研究方法的角度，消费者采纳问题所基于的理论有多种，包括理性行为理论（Theory of reasoned action）、计划行为理论（Theory of planned behavior）、技术接受模型（Technology acceptance model）、创新扩散理论（Diffusion of Innovation Theory）以及这些模型的各种变体。将这些理论应用到移动电子商务这一新的应用环境，可以解释和预测消费者对移动电子商务的接受、采纳和使用的各种行为。基于这些理论的研究目前是移动电子商务消费者采纳问题研究的主流。

在相关研究领域中，关于个体接受新技术的原因和方式的研究一直受到广泛关注。人们不断尝试对用户接受或是拒绝信息技术的影响因素和过程进行解释，希望能够找到评价系统的实用方法，预测用户对系统的反应，或是通过改变系统特性来促进用户对系统的接受和使用。总的来看，个体层面的技术接受行为研究一直是用户接受研究的主流方向之一。这类研究主要基于心理学和社会心理学基本理论，研究个体技术接受决策的心理过程，出发点是认为个体差异、系统特点等外部因素只有通过个体内在的价值与信念，才能对个体的使用意向和使用行为产生影响。相关模型和理论一般以个体的使用意向或使用行为作为研究的因变量，以个体对于使用信息系统或服务的信念和态度作为自变量。

技术接受行为研究的主要内容包括个体信念和态度如何决定使用意向，以及这些信念的构成。在行为研究中，信念与特定行为发生的具体场景有关。因此从原则上说，每一次考察一种行为时（如考察一个社会系统中人们对某一技术的接受情况），都有必要重新确定相关个体的信念，为此方能保证理论的有效性。而在对具体场景的界定上，行动、对象、背景、时间是四大要素。在组织环境下的个体技术接受研究中，具体行为是（对技术的）接受或拒绝，行为对象是（被接受或拒绝的）技术，行为背景是不同环境下的个体，行为时间则可以根据研究问题进行设定。因此，技术接受领域鼓励研究者在不同技术、时间、背景下，对已有理论和模型进行检验。

已有的移动电子商务接受研究普遍倾向于将移动电子商务笼统地概括为单一类型的创新，缺少对不同类型移动电子商务应用接受问题的考虑。我们认为实际上移动电子商务应用可以分为多种类型，各种应用之间也有很大的区别，比如对安全性、网络带宽、移动终端设备的要求等等，这些区别会造成用户行为模式的不同，因此有必要对各种类型应用的用户行为分别加以研究。

1. 理性行为理论（TRA）

从20世纪80年代开始，学术界就开始关注技术的采纳和接受特征。最初的研究多数从分析已经采纳了创新技术的企业对应用满意度入手，试图找出能够提高用户满意的因素（Bailey J. E. &Pereson S. W.，1983；Cheney P. H. et al，1986）。这些研究大多建立在这样的逻辑假设之上，即那些能够提高用户满意度的因素也就是能够促进潜在用户接受新技术的因素。随着社会心理学思想的引入，技术接受的着眼点逐渐从用户满意度转移到技术接受个体所受到的社会、环境等因素的影响（Legris P.，2003）。在这期间，Fishbein 和 Ajzen 创立的行为科学的理性行为理论（TRA，Theory of reasoned action）逐渐占据主流地位（Fishbein M. &Ajzen I.，1975）。

该理论主要用于分析态度如何有意识地影响个体行为，关注基于认知信息的态度形成过程，其基本假设是认为人是理性的，在做出某一行为前会综合各种信息来考虑自身行为的意义和后果。从TRA 的理论模型（如图 2 - 1）可以看出，个体的行为在某种程度上可以由行为意向合理地推断，而个体的行为意向又是由行为的态度和主观规范决定的。人的行为意向是人们打算从事某一特定行为的量度，而“态度”是人们对从事某一目标行为所持有的正面或负面的情感，它是由对行为结果的主要信念以及对这种结果重要程度的估计所决定的。主观规范（主观准则）指的是人们认为对其有重要影响的人希望自己使用新系统的感知程度，是由个体对他人认为应该如何做的信任程度以及自己对与他人意见保持一致的动机水平所决定的（Fishbein M. &Ajzen I.，1975）。这些因素结合起来，便产生了行为意向（倾向），最终导致了行为的改变。

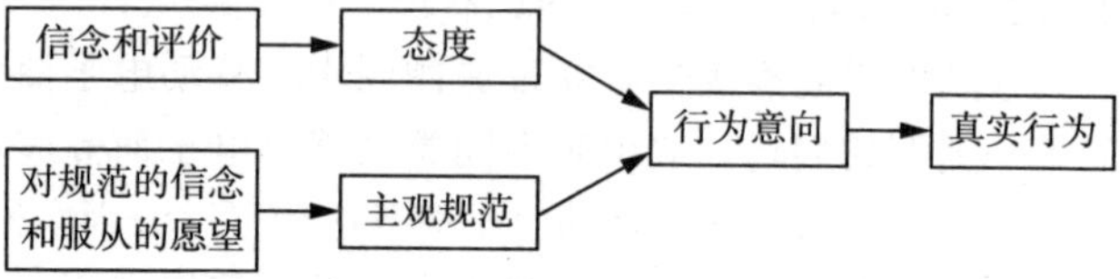

图2-1 理性行为理论

理性行为理论与其他解释行为的理论存在一个明显不同，即在其理论模型中没有包括诸如性格特点、性别、年龄、社会地位等因素。Fishbein 和 Ajzen 承认，这些因素虽然有时和人们的行为特点相关，但是对人们行为的影响和作用都是间接的。换言之，个体行为的决定因素可以从理性行为模型所界定的变量中获得圆满的解释。性格特点、性别、年龄等变量对于行为的影响是间接的，通过对模型中有关变量的影响显现出来，因此被作为外生变量处理。外生变量可能会影响人们所持有的行为信念和规范性信念，影响个体对行为的态度及其主观规范的相对权重。这种影响不仅是间接的，而且影响的稳定性和强度都比较低。在不同研究中，外生变量和行为之间的一致性程度比较差。与此相反，理性行为模型中各变量对行为的预测能力在不同研究情境中都比较一致。从创新采纳研究的角度来看，TRA 最有价值的地方就在于它认为外生变量只能通过影响态度、主观规范或是他们的相对权重，间接决定人们的行为。基于这一结论，在大量基于 TRA 的技术接受研究中，系统设计特点、用户特点（包括认知模式和其他个性因素）、任务特点、实施过程、人事影响、组织结构等，都被归为外生变量。这些外生变量只有通过 TRA 所揭示的内在心理变量（信念），才能对用户接受产生影响。例如，外向的人一般对周围人们的态度和看法比较敏感，因此主观规范对其技术接受意向的影响将会比较大。

通过以上的分析也可以发现，创新采纳过程模型与理性行为理论的有关概念实际上存在着对应关系。例如，理性行为理论中的行为信念对应于创新采纳过程模型中的创新特性，理性行为理论中的规范信念则对应于创新采纳过程模型中的传播渠道。

2. 计划行为理论（TPB）

计划行为理论（如图2－2）衍生于Fishbein和Ajzen提出的理性行为理论。理性行为理论是行为科学领域的重要理论，常被应用于解释个人行为模式，主张个人行为的完成主要受个人意志控制。但实际情况下，个人行为决策经常受到外界因素的影响，如完成该行为所需的资源和条件限制等。因此，Ajzen对理性行为理论加以修改提出了计划行为理论，加入了个人对行为的控制能力以更好地解释和预测实际行为。计划行为理论认为实际行为最直接的影响因素是个人的行为意向，而行为意向受到个人主观的行为规范、个人对该行为所持有的态度和个人对行为的控制能力等三个因素的共同影响；行为态度又进一步受到个人对特定行为的信念和结果评价的影响。计划行为理论认为当个人对特定行为持正面的态度，认为符合其主观行为规范，且感觉已掌握采取该行为的能力和资源时，个人将产生强烈的行为意向，进而产生实际行为。

理解TPB理论相当有力的一个方面就在于任何行为都是通过个体主观态度和认知规范来间接影响行为的，通过认知行为控制变量的引入加强了解释理性行为的解释度，更好地解释个人技术接受的行为学特征。由于考虑了行为个体对于创新技术采用的态度和主观的标准以及行为控制性因素，因此该理论强调有限理性的假设前提，为研究个体的技术接受行为提供了更加有效的分析框架。其模型结构如图2－2所示。

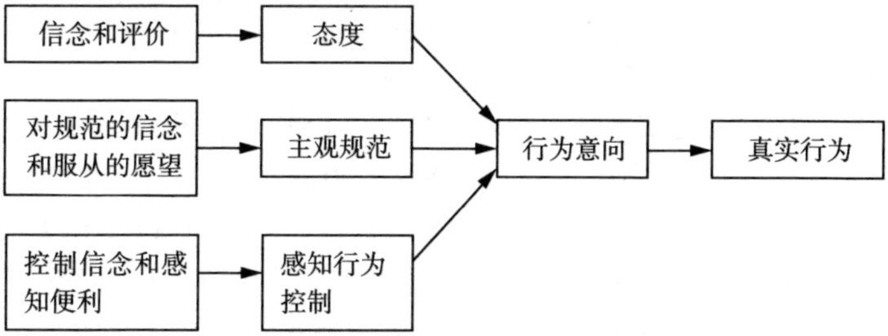

图2－2 计划行为理论

TPB 最有价值的地方在于它认为外生变量只能通过影响态度、主观规范来间接影响人的行为。从大量基于 TPB 的技术接受研究看，系统设计、用户特点（包括认知模式）、任务特点、实施过程以及组织结构都被归于外生变量（Brown S. A. &Venkatesh V., 2005；Chau P. Y. K. & Hu P. J. H., 2002；Leonard L. N. K et al, 2004；Morris M. G. et al, 2005）。TPB 分析思想被后续的相关理论所吸取。TPB 的缺陷主要表现在行为态度和主观规范两个维度在实际行为中很难被个体准确识别，进而导致难以识别影响创新技术接受意向的一些重要因素，这与 TRA 的研究是类似的。但是该理论倡导有限理性行为的思想却被传承，并被其他衍生的模型所借鉴（Grandon E. E. & Pearson J. M., 2004）。

3. 技术接受模型（TAM）及各种变形

1989 年，Davis 对 TRA 做了必要的修正，提出了技术接受模型（Technology acceptance model，TAM），主要目的是为研究外生变量对于内在信念的影响提供理论依据，可以看作是对 TRA 的补充也是对 TPB 的简化（如图 2－3 所示）（Davis F. D., 1989）。与 TRA 不同的是，TAM 的最终模型提出了态度变量，以便更好地揭示意向；与 TPB 不同的是，该模型将感知行为控制的外部因素均作为外生变量考虑。

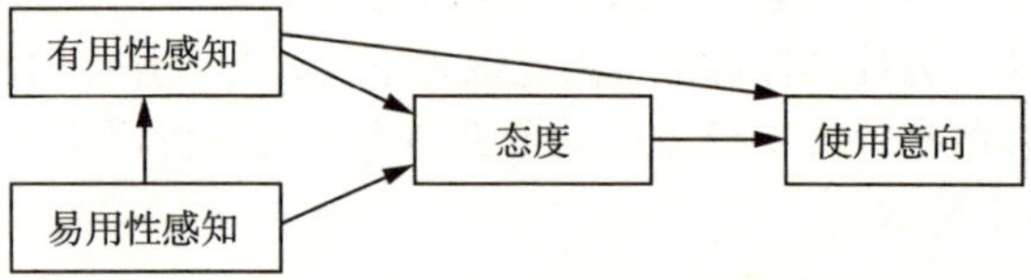

图 2－3　技术接受模型

作为技术接受领域最为经典的模型，TAM 研究的发展过程大致经历了三个发展阶段：（1）理论引入和验证阶段（产生至 1995 年）；（2）关注于理论修正和整合时期（1995～2003）；（3）关注于创新技术采纳场合特点的时期（2003 年以后）（张楠等，2006）。在理论引入和验证时期，显著的特征是多种理论交互、重叠和验证（Mathieson K., 1991），通过对 TAM 的复制，研究和检验已有理论的可靠性，并比较和修正量表的信度和效度，提高操作的合理性（Subramanian G. H.，1994）。

经过实证检验期后，TAM 的研究重点逐渐转向理论的修正和整合。该时期最主要的特征是模型的综合与扩展。比较典型的研究是 TPB 与 TAM 的综合模型（Taylor S. & Todd P. A.，1995），以及扩展的技术接受模型（TAM2）（Venkatesh V. & Davis F. D.，2000）。但这些整合使模型更加复杂化，其解释能力均没有超越 TAM，直到技术接受和使用统一理论（Unified Theory of Acceptance and Use of Technology，UTAUT）的出现。2003 年，venkatesh 和 Davis 整合了八个重要技术接受模型思想，提出了 UTAUT（Venkatesh V. et al，2003），在实证研究中的解释能力高达 70%。在该模型中，通过引入性别、年龄、经验以及自愿使用程度作为调节变量（Moderator）来解释不同人群间的行为差异。截至 2007 年 5 月，该文在 Web of Science 被引次数高达 119，足以见得该模型的重要意义。

Davis 在最初对 TAM 的检验中发现，知觉到的有用性和易用性能够预计采纳创新技术的行为意向，知觉到的易用性主要是通过有用性知觉对使用意向产生影响。Davis 等将一个基于 TRA 的模型与 TAM 进行了比较，发现尽管知觉到的有用性和易用性是关键的变量，且与使用系统的行为意向之间存在着正相关，但是两个模型存在混合结果（Davis F. D. et al，1989）。Mathieson 对 TAM 和 TRA 进行了比较研究，发现两个模型都能够很好地预测使用意向，但是从实验的角度看，TAM 略胜一筹（Mathieson K.，1991）。Taylor 和 Todd 发现，通过对 TAM 进行修正，加入主观规范（正如最初的理性行为理论中所包含的）和知觉到的行为控制，就足以对有经验或是没有经验的用户的使用意向进行预测（Taylor S. &Todd P. A.，1995）。Szajna 将态度从模型中去除，而且对实施前相对实施后作了轻微的修改，通过加入一个说明技术经验的变量对原模型做了有益的扩展（Szajna B.，1996）。Inbaria 等采用扩展的 TAM 研究新西兰的小企业中个人电脑的使用情况，他们在模型中加入了组织内外部涉及支持和培训的外部因素，最终的研究结果支持了 TAM 及其扩展（Inbaria M. et al，1997）。

2.2.2 移动电子商务采纳研究现状

技术接受模型在用户接受研究中具有重要的地位，因而很多学者在研究移动电子商务用户接受时也将该模型作为研究的理论基础。由于移动电子商务是一个新兴服务，因而在隐私、安全、可靠性等方面存在较为突出的问题。此外，移动电子商务“随时随地”提供服务的特性在一定程度上打破了用户工作和娱乐的边界。因此学者们在研究移动电子商务用户的接受行为时，通常会基于TAM作适当的调整。

Pagani对意大利的3G多媒体用户接受进行了研究，讨论了感知有用性、感知易用性、价格和感知娱乐性、感知创新性、知识与用户的接受态度之间的关系，研究结果发现用户的感知有用性、感知易用性、价格和连接速度是让用户接受移动电子商务的关键（Pagani M.，2004）。Cheong和Park以技术接受模型为理论基础构建了模型，以韩国用户为样本进行实证研究，结果表明感知有用性、感知好玩性、感知价格水平是影响人们对移动互联业务的态度和行为意向的重要因素，感知易用性通过态度的中介作用对使用意向产生间接的影响，感知系统质量、感知内容质量和网络经验三个基本的影响因素通过感知有用性、感知易用性和感知好玩性间接影响态度和行为意向（Cheong J. H. & Park M. C.，2005）。褚燕和黄丽华研究了员工接受移动电子商务应用的影响因素（褚燕 & 黄丽华，2007）。Yang对新加坡的移动电子商务用户接受意向进行了研究，发现感知有用性和感知易用性将会影响用户的使用态度，而个人的创新性、过去的采纳行为、知识、技术群体、年龄、性别和职业等个体特性将会通过感知有用性和感知易用性的中介作用影响使用态度，且感知有用性和感知易用性之间有相关关系（Yang K. C. C.，2005）。Lu，Yu，Liu等提出消费者无线互联网接受行为的概念模型，将感知有用性分为长期有用性和短期有用性两类，并且认为长期有用性、短期有用性既对用户的行为意向产生直接的影响又会通过态度间接影响行为意向，而感知易用性则是通过短期的感知有用性和态度间接影响行为意向，此外，技术复杂性、个体差异、促成条件将会影响感知易用性和感知有用性，而社会影响、无线信任环境也会影响感知有用性（Lu J. et al，2008）。

也有一些学者根据其他理论对移动电子商务采纳进行了研究。David 等人整合了 TAM 与 TTF 模型，研究了用户采纳移动技术的主要因素（David C. et al，2010）。Hsu 等人根据创新扩散理论，对移动电子商务中的 207 位彩信用户进行了实证研究，讨论了相对先进性、感知易用性、兼容性、可试性、形象、可见性、结果可展示性和自愿性对用户行为意向的影响。该研究对创新者、早期大部分采纳者、晚期大部分采纳者以及落后者进行了比较研究，发现对于早期的创新者而言，相对先进性将会影响其行为意向；对于大部分采纳者而言，相对先进性、兼容性和自愿性对行为意向有影响；对于晚期大部分采纳者而言，相对先进性、兼容性、可见性对其行为意向有影响；对于落后者而言，则并没有发现创新扩散理论中的 8 大变量对其有影响（Hsu C. L. et al，2007）。

Vrechopoulos 等人研究了芬兰、德国和希腊 3 个国家的移动电子商务用户接受，发现促进用户接受移动电子商务服务的关键在于提高安全性、改进终端设备、进行有效的客户支持以及低价格（Vrechopoulos A. et al，2003）。Kleijnen 等人则指出移动电子商务服务的可靠性、数据交换的安全性、导航的易用性以及与用户日常行为的兼容性是用户接受移动服务的主要影响因素。

目前国际期刊上已有一些以中国用户为样本的研究，Wu 和 Wang 通过对台湾的移动电子商务用户研究，指出用户感知风险、成本、兼容性和感知有用性对用户接受移动电子商务服务有正向的影响作用，兼容性和感知易用性又会影响用户感知有用性（Wu J. H. & Wang S. C.，2005）。Luarn 和 Lin 对台湾移动银行的用户接受行为进行了研究，结果表明感知有用性、感知易用性、感知自我效能、感知可信性以及感知的财务成本是用户接受移动银行的主要驱动因素（Luarn P. & Lin H. H.，2005）。Lu 等人以中国无线移动数据服务用户为研究样本，讨论感知有用性、感知易用性、社会影响以及移动信任对用户接受意向的直接影响，以及服务的技术特性、用户的 IT 创新性、社会影响以及移动信任的对用户接受意向的间接影响（Lu J. et al，2008）。

通过上述的文献梳理，可以发现大多数研究都在经典理论的基础之上根据移动电子商务面临的环境以及服务本身的特性进行了扩展，加入了新的影响因素。总的来看，扩展的主要因素包括：感知有用性、感知娱乐性、形象相关、感知费用水平、感知易用性、感知风险、个人创新、感知价值、行为控制等。

2.3 结合信任的创新技术接受研究现状

2.3.1 信任研究的相关因素

在信任研究的前置因素方面，研究者们着重探讨了潜在的能够影响信任建立的前因变量。在心理学研究领域，信任被认为是特定情境刺激下的人类的一种心理反应事件，受到个体差异与人格特点的影响。根据心理学家的研究，一个人的生活经历和对人性的看法会导致形成对一般性他人的可信赖程度的概念化期望或信念（彭泗清，2003；希夫曼 & 卡纽克，2002；张刚 & 张东芳，2004）。这种一般化的信任期望与信念，不可避免地进一步影响信任者对某一特定对象与内容的信任观念，比如对网络环境的信任观念、对特定在线营销商的信任观念等。在组织间关系承诺与信任的研究中，Morgan 和 Hunt 强调了信息沟通和机会主义行为对组织双方建立信任的影响（Morgan R. M. & Hunt S. D. ，1994）。在对在线营销环境下信任问题的研究过程中，大量学者借鉴相关领域的研究成果对影响在线消费者信任建立的因素进行了探讨。

Wakefield（2001）借鉴 Morgan 和 Hunt（1994）研究成果，强调了信息沟通、机会主义行为、（在线营销商）品牌资产、网站吸引力以及第三方认证对于在线消费者建立信任的影响（Wakefield R. L. ，2001）。McKnight 等人则在借鉴心理学对信任的研究基础上，探讨了消费者的基本信任观念、网络购物环境信任观念、购物经验、个人创新性等因素对信任建立的影响（McKnight D. H. et al，2002）。在 McKnight 等人的这次研究中尤其强调了购物经验对信任的影响。当信任者对于被信任者或者被信任者所处的环境缺乏了解（甚至一无所知）时，信任者的基本信任观念可能会成为影响信任者对被信任者信任态度的最关键因素；但如果一个在线购物者获得了某一特定在线营销者的一定的经验，那么这种经验就可能取代信任者的基本信任观念或者对被信任者所处环境的信任观念，成为影响其对被信任者信任态度的主导因素。

认识到了经验对信任态度的重要影响后，McKnight 等强调了对初始信任的研究。所谓的初始信任就是指信任者对一个缺乏了解的被信任者的信任态度。此时信任者对于被信任者缺乏可靠的、有价值的信息以利于做出对被信任者的信任评价。为了研究初始信任，在 McKnight 等人的研究中，专门为调研设计全新的网站，考察了被调研者在个人基本信任观念和在线购物环境信任观念的影响下对该网站的初始信任态度。这样做，虽然保证确实考察了被调研者的初始信任建立情况，但是在实际的在线营销环境中，消费者对网站的熟悉度、感知的网站声誉等潜在影响在线消费者对在线营销者信任水平的因素同样也被忽略了，这样也是不符合实际情况的。在本研究中，没有过分强调完全的初始信任，而是考察影响移动内容服务消费者其对该服务提供商建立信任的因素与过程。如何引导获取内容服务的消费者建立对内容服务商的信任，是任何内容服务商都十分关注的问题，具有很强的理论价值与实践指导意义。

信任作为消费者采纳电子服务的先决条件受到了广泛的关注，在经典采纳模型与信任因素结合研究方面，Ardion 利用文献分析的方法归类总结了在电子服务采纳实证研究领域，影响消费者信任的主要前置因素（Ardion B.，2010）。

Kim 等人也在综合相关研究的基础上，强调了消费者的基本信任倾向、对网站的熟悉度、第三方认证、网站声誉、感知交易完成的可行性、系统可靠性、网站的易用性、感知的隐私安全性、信息质量等诸多因素对信任建立的影响（Kim D. J. et al，2001）。信任有三种主要的产生方式：（1）基于过程的方式，这种信任受到了过去或所期望的交换的限制，比如信誉或交换礼物；（2）基于特征的方式，这种信任受到了不同特征的人的限制，比如家庭背景或种族；（3）基于制度的方式，这种信任受到了与个人、公司属性（会计证书）及中介机构（第三方认证）有关的规范和社会结构的约束（Zucker L. G.，1986；Sako Mari & Helper Susan，2003）。

总结各位学者所考察的能够影响信任建立的前置因素主要涉及四个方面：（1）信任者的基本特征，比如信任者的经历、基本信任倾向、性格特质等；（2）被信任者的特征，比如，在网络营销环境下作为被信任者的在线营销网站的设计水平、品牌资产等；（3）信任者与被信任者的交往过程，比如消费者的在线购物经验等；（4）制度因素，比如相关中介机构的规范，第三方认证等。

在信任研究的后置变量方面，关于网络营销信任的研究者主要探讨了信任对网络购物的一些相关行为倾向，如信任态度对于浏览购物网站、提供信息注册成为网站用户、从网站购物、遵从网站建议等行为的影响。

2.3.2 基于理性行为（TRA）理论的信任研究框架

TRA 理论及在此基础上修正的相关理论在人类行为的研究中得到了广泛的应用，尤其是对于个体主观意志行为的研究被证明具有较强的解释能力。很多信任的研究也同样以 TRA 理论为基础构建自己的研究框架。TRA 理论的基本假定是人的信念会影响人的态度，进而会影响人的行为意向，而行为意向又会导致最终的行为本身。在网络营销信任研究的领域，所涉及的基本信念通常是指消费者对于信任他人或者其他事物（比如网络购物环境）的基本信念与观念；在网络营销信任研究的领域，所涉及的基本态度通常是一方（在线购物者）对于另一方（在线营销网站）是否可信的信任态度，而与之相关的行为意向则是在信任对方的基础上采取浏览该网站、提供必要的个人信息注册成为网站用户、从该网站购买相应物品等行为的意向。

从影响行为意向的外在压力来分析，一方面，由于消费者通常可以自由地选择采取在线购物模式抑或采取传统的线下购物模式，即使是客观的原因导致了消费者必须采取在线购物的方式，互联网络通常也提供了相当数量的销售商可供选择，通常情况下难以设想存在着外在的压力促使着消费者必须去信任某一在线销售商，也不会存在外在压力要求潜在消费者一定去采取浏览某一网站、注册成为某一网站用户甚至从某一网站购物等行为。另一方面，假如把消费者从交易过程中可以得到的利益作为促使其实施此次交易的外在压力，根据“经济人”的基本假设，在研究消费者是否采取某种交易行为时，通常已经隐含了消费者认识到交易行为能带来某种利益或收益的基本假设。

因此利用 TRA 理论模型分析消费者的在线购物行为时，有些学者采取了忽略外在压力因素的影响，着重考察信任态度对消费者浏览、注册、购买等行为的影响的模式（Gefen D.，2002；McKnight D. H. & Choudhury V.，2002），在此可以理解为在上述研究中已经将感知利益作为促使消费者采取在线购物行为的隐含外在压力（如图 2－4）。当然也有一些学者则明确地将在线购物的感知利益作为促使消费者采取在线购物的外在动力纳入了研究模型（Jarvenpaa S. L. et al，2000；Kim D. J. et al，2001）。

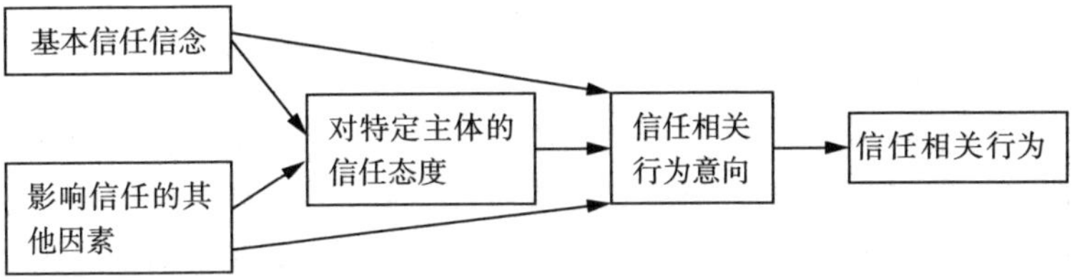

图 2－4　基于 TRA 理论的信任研究模型

2.3.3　基于感知价值模型的信任研究框架

在营销管理领域，学者们通常运用感知风险和感知利益的比较来分析消费者的购买行为。在文献回顾的基础上，Tarpcy 和 Peter 归纳出了三种被用于解释消费者决策制定行为的基本框架（Tarpey L. X. & Peter P. J，1975）。第一种是感知风险模型，该模式强调消费者在做出购买决策的时候主要关注的是最小化该购物行为潜在的负效用（感知风险）；第二种是感知利益模型，该模型解释消费者的购买决策过程为一个追求最大化期望利益的过程，消费者关注的重点是最大化交易所能获得的利益，而很少考虑交易潜在的负效用；第三种是感知价值模型，该模型同时结合了感知风险与感知利益来解释消费者的购买行为，认为消费者通常会感知到预期的购买行为的正效用与负效用，所以消费者购买决策的原则就是最大化购买行为所能带来的净价值。直观上讲，第三种决策模式，即感知价值模型，是一个更加合理的模型。这一模型实际上同营销领域中广为接受的顾客让渡价值模型不谋而合，菲利普·科特勒定义的顾客让渡价值是总顾客价值与总顾客价格之差。在这里，顾客感知风险可以被看成一种潜在成本或者顾客价格。在上述感知价值模型的基础上，一些信任研究学者把信任因素纳入研究框架，构建了如下图 2－5 所示的用于信任研究的模型。

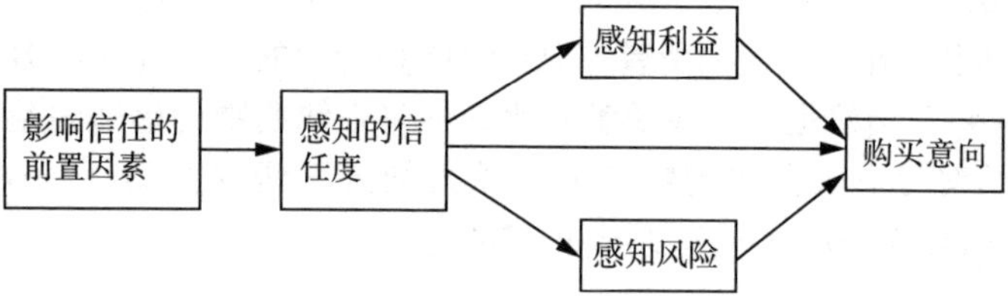

图 2－5　基于感知价值模型的信任研究模型

在包含了感知风险和感知利益的模型中，感知的信任度和感知风险的关系值得探讨。当消费者必须在不确定或存在风险的环境下做出决定的时候，消费者信任的重要性就得到了突出。信任是决策者用以应对未来不确定性和不可控性的重要手段。Gambetta 强调信任尤其是与应对他人的行动缺乏了解所面临的无知或者充斥着不确定性的环境联系在一起的（Gambetta D. G.，1988）。

Mayer 等人也研究了信任与风险的关系。根据 Mayer 等的研究，信任表现为一种承担风险的意愿，而信任行为则是一种承担着一定风险的行为。假如信任者对被信任对象的信任程度超越了感知风险的阀值，信任者就会承担一定的风险实施信任相关行为（Mayer R. C. et al，1995）。换句话说，信任是（信任者）克服一种不利后果所导致的感知风险的关键因素。根据信任与感知风险的关系可以看出，当信任者做出信任评价的时候，事实上已经内在地考虑了风险因素，这种情况下是否还应该把感知风险作为一个影响消费者购买决策的变量值得探讨。

2.3.4　技术接受模型与信任整合研究现状

电子商务与传统的线下购物相比，消费者与供应商之间的交往方式发生了根本性的变化，直接的面对面交往变成了主要以电子渠道为媒介的交往。也就是说，在消费者与供应商之间多了一个计算机、因特网或电信网络这样的中介系统。因此，在研究消费者对在线供应商的信任问题及其购物行为倾向时，技术接受模型将提供建立消费者对在线供应商的信任态度的一个有益视角。尽管技术接受模型最初是被用来解释组织对信息技术的采纳的，但现在研究人员已经对原模型进行了一些修改，从而把它用于解释用户对电子商务、移动电子商务等业务形态的信任（Dahlberg T. et al，2003；Featherman M. S. & Pavlou P. A.，2003）。

在总结了把技术接受模型用于电子商务、移动电子商务信任研究的十个模型后，Keat 等人归纳了一个整合的模型，在此模型中，技术接受模型的两个关键变量，即感知有用性和感知易用性都被认为会对信任产生直接的影响（Keat Teoh Kung & Avvari Mohan，2004）。从技术接受模型原型的关注点来看，这种信任主要反映的是消费者对计算机、移动终端和互联网络系统的信任。但是，在电子商务中，当消费者访问特定在线供应商的电子商务网站时，由于该网站代表的就是相应的特定在线供应商，所以我们可以推论，消费者对该电子商务网站的感知有用性和感知易用性评价将会影响消费者对特定在线供应商的信任态度。

Gefen 等人认为，感知易用性影响信任，信任影响感知有用性，三者均影响使用（购物）动机。该文给出的解释是：消费者仅在与可信任的商家打交道的过程中，他们才能在网站上成功完成其任务。信任提供了一种主观保证，即商家将是有能力、善意并且是诚实的，这将增加消费者从网站获取其预期收益的可能性。因此，信任将影响感知有用性。而网站的易用性将影响消费者对商家投资的感知，并向消费者发出对关系承诺的信号，从而增加其信任。因此，感知易用性将影响信任（Gefen D. et al，2003；Karahanna E. & Straub D. W.，1999）。

Pavlou 认为，信任影响消费者感知有用性及易用性，且三个因素均影响交易动机。在网络环境下，消费者从网站获取其预期的有用性体验要依赖于网站背后的人。若消费者不信任商家，则其不会期望从网站获取任何效用。此外，信任使得消费者愿意处于一种弱势地位，来确保他们获取与商家的有用性交互。因此，信任将影响感知有用性。此外，信任还将减少消费者监控商家行为与检查每个细节的需要，从而使得网上交易更为容易。如果消费者信任水平较低，他将被迫给予交易过程的所有方面以特别的关注，从而大大增加了时间与精力的投入。因此，信任将影响感知易用性（Pavlou P. A，2003）。

2.3.5 移动电子商务信任问题研究现状

消费者的信任和接受是两个不同的概念，接受一项创新技术通常意味着信任，但是仅有信任不一定产生接受和采纳的行为。研究表明，大部分顾客都拒绝在网站上提供个人信息，这主要是对于网络缺乏信任。许多顾客怀疑电子商务是否能够像现实中的商店那样可以满足他们的需求，他们对电子商务的可靠性和安全性表示担忧。移动电子商务除了面临电子商务同样的信任问题之外，还有自己独特的问题。虽然移动设备可以令顾客随时购物，但是移动终端很小的、低分辨率的显示屏幕以及功能有限的键盘使得开发友好的用户界面具有挑战性。另外，无线网络本身也存在带宽较窄、连接不够稳定、数据传输容易受到监听等问题。

Siau 和 Shen 研究了网络信任的形成过程。可靠性和安全性对于移动电子商务信任具有重要的意义，尤其是在移动电子商务的早期阶段。随着移动技术的发展，注意力会从对于技术的信任转移到对于商家的信任。对于移动电子商务而言，技术信任和商家信任都是同样重要的。Siau 和 Shen 构筑了移动电子商务信任的理论模型。他们的研究把移动电子商务的信任划分成两个维度，纵轴表示信任的生命周期，横轴表示构成移动电子商务信任的元素（Siau K. & Zixing Shen.，2003）。

电子商务环境中的信任主要是使用电子媒介尤其是因特网媒介

下的信任。具体到移动电子商务的应用方面，顾客对于移动电子商务企业的信任是移动电子商务得以实现和普及的重要前提。参照 McKnight 等人对信任概念的分析，移动电子商务信任指的是消费者考虑了多种因素后愿意使用移动因特网或移动服务的信念（McKnight D. H.，2004）。国内外很多学者关注电子商务的信任问题，但对于移动电子商务中的信任研究目前还很少，而且这些研究多侧重于定性分析。表2－1列出了电子商务信任研究的几篇重点文献和移动电子商务信任研究的相关文献，并对比了它们所研究的影响因素。

表2－1　移动电子商务信任与电子商务信任研究比较

分　类	文　献	研究中的主要影响因素
电子商务信任	Gefen［2002］ Kim 等人［2001］ McKnight 等人［2002a］ McKnight 等人［2002b］	熟悉度；信任倾向；信息内容；产品；交易；技术；制度；消费者行为；感知商家声誉；感知网站质量；网络的结构性保障；基于制度的信任；信任信念；信任意向；交易条款因素；专业技能；专业技能控制；持续参与投资；机会主义行为（基于累计）；未经授权揭露（基于知识）；自动信息；隐私政策
移动电子商务信任	Dahlberg［2003］ Siau 等人［2003］ Lee［2002］	服务提供商；移动设备；密码技术；信任倾向；感知的信任技术（可靠、安全、连接、移动设备有用性、功能）；商家（隐私保护、第三方认证、产品提供商声誉、产品品牌）；用户控制；响应；个性化；连通性；情景提供；感知技术可靠性；感知信息和功能可靠性；计划使用服务的可信赖性；用户相信自己能控制服务和服务不会滥用自己的个人信息

由文献对比结果可知，两者的研究视角相似，但研究的影响因素有很多不同之处，这主要是由于移动电子商务的自身特点所决定的。移动电子商务属于电子商务的范畴，但移动电子商务具有独特

的性质，主要体现在随时随地性、一对一绑定和“推送”等方面，正因为如此，响应性、个性化、情景提供等因素在研究移动电子商务信任中尤其受到关注。相比移动设备，电脑和网络的使用需要更多的专业技能，所以电子商务信任的研究中对专业技能、网站质量和结构性保障等因素考虑的较多。电子商务的商家主要是网上出售商品的商家，而移动电子商务的商家包括移动产品提供商、移动服务提供商等，包括的方面更加复杂多样。另外，隐私保护和服务提供商声誉等因素是电子商务信任和移动电子商务信任共同的关注点。因此，借鉴电子商务信任的研究成果是移动电子商务研究的基本方法之一，但是移动电子商务不是电子商务的简单重复，移动电子商务信任模型并不能直接在电子商务信任模型的基础上构建，因此要根据移动电子商务的特点，有针对性地分析移动电子商务消费者信任的影响因素，在此基础上建立信任模型。通过文献分析，移动电子商务消费者信任的影响因素主要有六个大的方面：移动服务或产品的可靠性；移动设备的可用性；移动支付安全性；无线站点信息质量和消费者的自身特点。消费者信任影响的因素主要有三点：消费者行为动机、顾客满意和忠诚、企业绩效（鲁耀斌 & 周涛，2005）。

2.4 创新产品/服务市场扩散研究现状

2.4.1 创新与创新扩散

企业因创新的产品或服务而赢得市场竞争优势，经济由于创新扩散而得到迅速发展。创新不是一般意义上的活动，而是人类利用新技术改善经济福利的商业活动，是具有商业化价值的经济活动。经济学家很早以前就已经意识到了创新扩散在经济增长中所起的决定性作用。20 世纪初创新经济学鼻祖、美籍奥地利经济学家熊彼特（J. A. Schumpeter）的著作《经济发展理论》（1934）指出，资本主义本质上处于不断创新变化之中。

熊彼特将创新划分为五种类型：（1）新产品、新服务的推出，或者现有产品或服务在质量上的提高；（2）新的生产方法的推出；（3）新市场的发展；（4）新的供给来源的开发；（5）经营方式的重组（Schumpeter J. A.，1934）。

广义的创新包括研究与开发，以及首次商业化应用到传播、推广、扩散的完整过程，而狭义上的“创新”则不包括相对独立的传播、推广、扩散过程。国内有关创新理论与模型的研究，大多集中在研究与开发、新技术的首次商业化应用方面，而在新技术成果的传播、推广、扩散方面则涉及较少。

在本文中创新扩散则指新产品或服务在最初的商业化应用之后的继续推广利用，包括在其潜在采用者之间传播、推广和广泛应用的过程，即发生于消费者之间的扩散过程，是创新供给者向潜在的采用者提供创新产品或服务的过程，是潜在的采用者对创新产品或服务的使用、再使用，消化、吸收的过程。

对创新扩散的大量研究，是在20世纪50年代后随技术创新研究而发展起来的。熊彼特的主要追随者如曼斯菲尔德（Mnasfield）等人建立了创新的理论体系。国内外学者已经从理论研究方面、实证研究方面和应用研究方面对技术创新扩散进行了大量的研究，分别从经济学、企业行为、信息传播、市场渗透、空间转移、系统进化等角度，对创新扩散现象及其机制、规律、影响因素等进行了一系列的理论考察，并提出了许多各具特色的扩散模型。学术界在该研究领域先后形成传播论、学习论、替代论和博弈论等创新扩散理论。

2.4.2 创新扩散理论

创新扩散理论（Diffusion of Innovation Theory）最初在社会学领域中提出。创新是指“被个体认为新鲜的观点”，而扩散则是指“创新传播的过程”（Rogers. F. M.，1983）。创新扩散的过程可以描述为一个用户从对于某个创新的最初认识，到形成正面或者反面的态度，再到做出接受或者拒绝的决定，直到最后坚定地接受创新的整个过程。在这个过程中，相关的因素包括创新的特性、用户的态度和信念，以及周围环境的影响。研究人员发现，在所有的这些因素中，创新的相对优势、复杂性、兼容性等因素和创新能否被接受有重要的因果关系。

今天，创新扩散理论已经被广泛应用于研究从农业工具到组织创新等不同类型的创新。由于技术的飞速发展，企业所投资的新技术与其之前的技术相比往往有很大的不同，新的信息技术通常被其目标用户当作是一种创新。因此，部分研究者从创新扩散的角度研究用户的技术接受和使用问题。

Rogers 的创新采纳模型是创新扩散模型中最广为人知的模型。Rogers 通过对超过三千个创新扩散个案的研究和总结，将个体的创新采纳过程分为五个阶段：知识、说服、决策、使用、确认（Rogers. F. M.，1983）。创新采纳过程的影响因素包括：创新技术特性、采纳决策者特性以及传播渠道。在实际的创新扩散中，创新千差万别，因此必须有一组统一的指标来进行衡量与考察，才能在不同的创新间进行有意义的比较。Rogers 在总结过去创新扩散的大量案例和研究文献的基础上，基于最大的概括性和简约性考虑，提出了五个创新特性，即相对优越性、相容性、复杂性、可试性及可察性。Moore 和 Benbasat 对 Rogers 提出的创新的特性进行了修正，构建了一组用于研究用户技术接受的变量，并证明了创新的特性对于预测技术接受的有效（Moore G. C. & Benbasat L.，1991）。除了 Rogers 的五个指标外，他们增加了另外三个指标，包括形象、结果可说明性以及可见性。在上述技术特性中，不同特性在预测技术采纳方面的重要性是不同的。研究表明，相对优越性、相容性及复杂性与技术的采纳决策有稳定的联系，其他指标对技术采纳的影响则随技术和采纳者的不同有较大的差异。

个体在创新精神上的差异影响到个体对创新的接受。按照创新扩散理论，同一个社会系统中的不同个体，不会在同一时间采纳创新，而是按照一定的顺序。在刚开始的时候，创新传播的速度很慢，通常需要变化代理（积极推动创新的人）的努力。随着越来越多的人采纳创新，创新的扩散速度会不断加快。在创新扩散的早期，当具有前瞻性的变化代理采纳了新技术之后，他们通过自己认为合适的途径，将创新介绍给社会系统中的其他人。当早期的采纳者达到占总人数 5% 至 15% 的关键点之后，采纳过程就步入了正轨。Agarwal 和 Prasad 将创新精神这一指标应用于信息技术领域，研究个体对新技术的接受。他们根据领域特点，将个体的创新精神定义为决定用户对于技术使用正面信念的个人倾向（Agarwal，R. et al，2000）。因此在技术接受研究中，个体的创新精神实际上是一种个体的主观感觉，反映了个体愿意尝试新的创新技术的程度。创新精神的强弱影响到技术知觉—技术接受之间的关系。

2.4.3 基于Bass模型的新产品扩散研究

Bass于1969年提出一种消费者耐用品扩散模型，后来在实践中得到广泛的应用，其后的许多扩散模型都是在Bass模型的基础上进行改进和扩展起来的。

Frank M. Bass通过对11个耐用品的市场扩散研究，提出了耐用品的首次购买模型，简称Bass模型。Bass模型假设一项新产品投入市场后，它的扩散速度主要受到两种传播途径的影响。一是大众传播媒介，如广告等影响，又称为外部影响（External Influence），它传播产品性能中容易得到验证的部分，如价格、尺寸、色彩以及功能等；二是口头交流，即已采纳者对未采纳者的宣传等影响，又称为内部影响（Internal Influence），它传播产品某些一时难以验证的性能，如可靠性、使用方便性以及耐用程度等。Bass据此将采用者分为两个群体，一个群体只受大众媒体的影响，另一个群体只受口头传播的影响，Bass将前者称为创新者，后者称为模仿者。通过大众媒体获取新技术信息从而利用新技术的用户数量随着新技术的扩散会逐渐减少；而通过个人间口头沟通获取技术信息从而利用新技术的用户数量会先增加，达到峰值后逐渐减少。

由于Bass模型结构简单，并且其模型参数有明确的经济意义，因而得到了众多的学者及市场管理者的认可，后来发展的众多的创新扩散模型，都是以Bass模型为基础进行的扩展研究。

Bass模型是建立在一系列重要的假设前提下，实际上完全满足这些假设的产品是很少的，因此很多学者在Bass模型的基础上，对某些假设进行放松，得到了很多改进的扩散模型。

对Bass扩散模型及其扩展模型的参数估计方法，常用的有最小二乘法、非线性最小二乘法和极大似然法。这些估计参数的方法，普遍存在着以下两方面局限性：

第一，用于新产品市场扩散模型的参数估计时，常常需要包括创新扩散峰值在内的大量数据。但是很多新产品在扩散初期往往是缺乏大量数据的，如果等收集到新产品市场扩散的充足数据时再来对新产品扩散过程进行预测，为时已晚。

第二，只能用于新产品市场扩散模型的离散形式或有解析解的新产品扩散模型的参数估计。新产品市场扩散模型的一个重要用途是能够提供新产品市场扩散的早期预测信息，但新产品市场扩散模型常常是用没有解析解的连续微分方程来表示，上述方法在估计时存在一定的局限性。

Bass 扩散模型在描述和预测创新扩散方面被广泛地应用，但是，其有效性不断地受到挑战。尽管有许多应用比较成功的例子，但不成功的实例也会出现。这表明 Bass 扩散模型有一定的局限性，它在某些情况下适用，而在另外一些情况下不适用。针对 Bass 模型所存在的局限性，人们对其某些约束条件进行放松，得到各种扩展模型，来扩展其应用范围，如考虑营销组合变量、多代竞争产品、重购等。

目前对于 Bass 模型的研究在以下方面还需进一步的研究：

1. 将两阶段扩散模型（不采用——采用）扩展为多阶段扩散模型。

Bass 模型只考虑两阶段模型（不采用——采用），但采纳者对产品的认识是有一个过程的，Lucio 等人认为新产品采用者的发展有下列五个阶段（Lucio F.，2000）：

· 知晓：消费者对该创新产品有所觉察，但缺少关于它的信息；

· 兴趣：消费者受到激发，以寻找该创新产品的信息；

· 评价：消费者考虑试用该创新产品是否明智；

· 试用：消费者小规模地试用该创新产品，以改进对其价值的评价；

· 采用：消费者决定全面和经常地使用该创新产品。

而 Rogers（1983）以接受创新相对的时间为基础把采用者分为五类，即创新者、早期采用者、早期多数型、晚期多数型与落后者。创新者是冒险的，他们愿意冒风险试用创新产品。早期采用者是社会上的意见领袖，采用创新产品一般较早，所以态度谨慎仔细。早期多数型的态度慎重，虽然不是意见领袖，但比一般人们先采用创新产品。晚期多数型一般要等到大多数的消费者都已试用后才采用创新产品。而落后者一般在创新产品的自身变为传统事物后才采用它。未来的研究方向可以考虑将两阶段扩散模型（不采用——采用）扩展为多阶段扩散模型，将采纳者的不同阶段纳入到研究范围。

2. 市场潜力的动态性和可变性。

现有很多研究已经考虑市场潜力作为内、外生变量的函数，即内、外生变量会导致市场潜力的变化。需要进一步研究的是关于信息通信技术的市场潜力函数的形成。

3. 存在产品的更新换代和升级，以及市场上新产品与其他产品之间存在的替代或其他相连关系。

新产品的扩散会受到老一代产品及市场上的其他产品的影响，在通信行业和电脑软硬件行业尤为明显，这时有必要考虑多代和多产品的扩散。但现有研究只是考虑了各种产品之间的关系如何影响扩散，而并未将某些重要的决策变量如价格、广告等结合起来考虑，这是未来研究中应该重点考虑的问题。

4. 重购问题。

对许多新产品采用者数量的增多不仅包括一次购买者，还包括重复购买者。对于移动互联网的研究，应该考虑采纳者的重复购买问题，目前关于这方面的研究很少。

5. 在模型中考虑到市场营销组合变量对扩散的影响，包括价格、广告、营销渠道、促销以及营销组合研究等。尤其是在移动互联网领域，随着 3G/4G 牌照的发放及各内容提供商提供更为丰富的增值内容服务，一个竞争市场结构会逐渐形成，因此考虑各种市场营销组合变量对扩散的影响是非常重要的。

6. 确定性与随机性模型。

在移动互联网扩散过程中，存在许多随机现象，如在个体采纳行为采纳时间上存在的随机性，在有关市场和环境因素方面存在的随机性等。为了更精确地描述扩散现象，就有必要在扩散模型中考虑这些随机因素做进一步的研究。

7. 参数估计问题。

新产品扩散模型参数估计时往往缺乏大量历史数据，利用以往的方法进行估计可能会产生较大误差，有必要对现有方法进行改进或采用新的估计方法。

2.4.4 基于复杂网络的扩散研究

基于 Bass 模型的新产品扩散研究已取得丰富的理论成果和广泛的实践效果。但是，有些新产品扩散实证结果表明，扩散模式要比原来假设的 S 形轨迹复杂得多，如存在分岔形、双峰形、马鞍形等多种扩散模式（Daisuke Satoh，2001）。此外，运用 Bass 模型预测具有网络效应的新产品得到的结果也很不理想（Srinivasan V.，1986）。因此，相关学者提出了基于复杂网络的新产品扩散模式的研究。

现有的复杂网络模型主要有小世界网络（Small-world networks）和无标度网络（Scale-free networks）。大多数的真实网络具有小世界性（较小的最短路径）和聚集性（相对较大的聚集系数）。通过研究复杂网络的结构来了解和解释基于这些网络之上的系统运作方式，进而预测和控制网络系统的行为。

Schoder 认为，网络效应导致扩散过程微观主体之间以及微观和宏观之间存在反馈机制，扩散过程是一个非线性动力学过程，可能会呈现多种扩散模式，应该预测每种模式出现的概率，而不是扩散速度（Schoder D.，2000）。

Lee 认为，新产品扩散成功的关键是尽快获得安装基础以克服临界群体问题，并研究通过赠送样品和导入定价等扩散战略有效启动扩散过程（Lee Y.，2003）。该观点对于启动新产品具有一定的策略指导价值，但它过分夸大了安装基础的作用。

Goldenberg 和 Lieven 把市场分割为早期采用者和大众市场两部分，认为这两类市场的用户具有不同新产品采用行为，企业应该采用不同的扩散战略（Goldenberg J.，2002；Lieven S. B. et al，2004）。该观点的不足在于过分强调采用者的决策行为差异，忽视了消费者的行为可能与特定的新产品有关。

创新扩散理论认为，潜在采用者在做采用决策之前，通常很难具有新产品相关的全部信息。有时候信息很难获取，或者获取的成本很高。很多时候，新产品的相关信息通过采用新产品的主体和没有采用新产品的主体形成的社会网络进行传播。另外，有些产品在使用之前，很难观察和评估产品的性能和价值。即使主体拥有了新产品的所有信息，有时候也会缺乏足够的知识和能力去理解和处理这些信息。因此，很多主体在做决策时，不是独立的，很容易受到其他主体决策或意见的影响。例如消费者对移动短消息、彩信、电子邮件等产品或服务的采纳就会受到他所在的人际关系网络中其他主体的影响。人际关系网络中的主体之间有类似的需求，他们的决策行为很类似，具有明显的从众效应的特征。另外，有些产品的消费形成群体规范，是某种身份和某个组织归属关系的象征。人际关系网络还是传播新产品信息的一个重要途径。

当一个市场的网络特征越来越明显时，主体之间的决策依赖程度就会越高，在网络市场中新产品扩散就表现出许多与传统市场不同的特征。首先网络市场中新产品具有明显的“网络效应”，需要消费主体之间的协调决策，才能使产品本身的效能和每个消费者的效应达到最大，而传统产品则没有这种特性。新产品在没有达到临界群体数量时，消费者采用新产品得到的效用通常很低，而且有很大风险，因为新产品如果不成功，就得不到采用新产品的网络价值。企业如果不尽快采取措施，克服临界群体这个障碍，新产品扩散就有可能失败。

2.5　现有研究评述

通过以上分析可以发现，基于个体认识的创新技术接受研究中，大部分研究的理论基础是心理学和社会心理学中态度行为理论，目的是希望通过态度来预测行为。现有理论和模型在决定使用意向的信念构成，信念、态度与使用意向的关系等方面取得了大量研究成果，能够较好地解释个体接受或拒绝创新技术的原因，这是现有研究的主要贡献所在。

2.5.1 消费者采纳研究的主要特点

从图2-6可以看出，TAM模型由行为信念、行为态度和使用意向三部分构成，使用意向决定于行为态度，而行为态度决定于行为信念。有用性感知和易用性感知是属于行为信念的范畴，这些行为信念的形成受到前置变量的影响，前置变量也会随着被采纳技术的不同而变化。而使用态度是属于行为态度方面的范畴，它受到行为信念的影响，除了感知有用性和感知易用性，还可以增加其他的信念因素，以增强模型的解释能力。TAM模型中还可以引入直接对使用意向产生影响的相关因素。

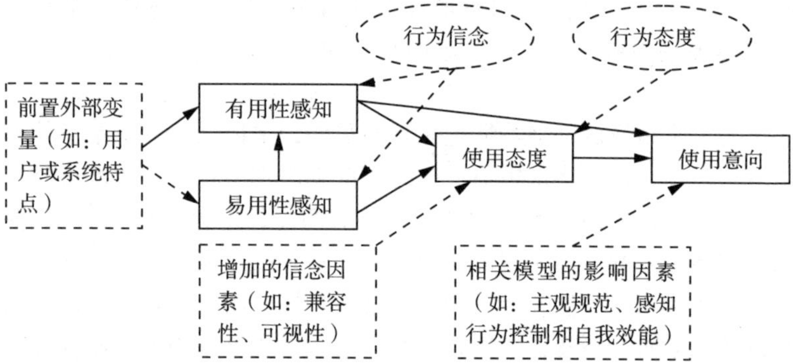

图2-6 基于TAM模型扩展研究的特点

总结基于TAM模型的扩展研究可以发现，研究者通过三种方式适应环境的变化，增强模型的解释能力：第一种方式是从相关模型中引入影响因素，如主观规范（Subjective norm）、感知行为控制（Perceived behavioral control）和自我效能（Self-efficacy）。第二种方式是在模型中引入新的或替代的信念因素，如从创新扩散的文献中引入的兼容性、可视性等信念。第三种方式是检验模型中感知有用性和感知易用性因素的前置外部变量，如用户特点、系统特点等。

2.5.2 现有研究的不足

目前在移动电子商务采纳领域的研究也存在一些不足之处。主要体现在如下四个方面：

第一，目前的研究大多从消费者个体角度研究创新技术的采纳，从厂商和市场角度研究创新技术的采纳与扩散的文献很少。如果不从微观和宏观层面全面分析创新技术的采纳和扩散，就不能深入剖析研究的对象。

第二，从研究对象角度看，移动电子商务采纳一般性研究较多。移动技术已经从2.5G向3G/4G过渡，移动设备的用户群越来越庞大。随着移动电子商务的深入发展，目前出现了种类繁多的移动服务，如移动游戏、移动音乐、移动支付、移动内容服务、移动定位等。由于这些应用的特点和用户群体不同，势必造成影响它们被采纳的因素各不相同。由于移动电子商务采纳的研究针对的是各种移动应用共同的特点，它的模型的解释能力对于具体的移动应用来说毫无疑问是降低了，因此，为了深入分析不同移动服务被消费者采纳的主要因素，应该分别加以研究，而不能总是泛泛地使用移动电子商务采纳的研究理论。

第三，从模型引入的影响因素角度看，目前的研究忽视了信任和信息质量在态度形成过程中的重要作用。通过对现有研究特点的分析可以发现，基于TAM的扩展主要从三个方面实现，即前置外部变量的扩展、态度影响因素的扩展和使用意向影响因素的扩展。前置外部变量更多的是体现用户和系统特点的解释能力，随着用户群的扩大和技术的不断完善，采纳各种移动服务的用户特点不再十分明显，因此前置外部变量的解释能力随着目前环境的变化也不断降低。然而，移动内容服务一对一绑定、定制服务和推送服务的特点使得消费者面临的风险越来越高，用户对信息质量的要求也越发苛刻，因此，信任因素和信息质量对TAM中有用性、易用性和使用态度等因素的影响将十分显著，而目前把信任、信息质量与TAM结合起来，从而实现采纳研究的努力仍然很少。

第四，从研究方法的角度看，现有文献主要使用静态的解释模型，不能充分反映采纳因素在消费者使用过程中的变化趋势。现有研究虽然发现了信念和态度对于使用意向的重要影响，也提出了一些促进用户接受的对策和方法，但是，个体的行为信念与其行为对象的特定属性有关，反映了个体对于行为对象的认识，一旦行为对象本身发生变化，或是个体获得有关行为对象新的信息或知识，其行为信念都将相应发生改变。因为信念会随信息或知识、行为对象以及其他因素不同而发生变化，才使得人们有可能通过影响用户的信念最终影响用户的使用行为，这本来也是技术接受研究的主要意义所在。但是，目前的研究主要是采取横断研究的方法，通过测量某一时间点上的情形，静态地研究信念、态度与使用意向的关系，没有对技术接受过程及其影响因素做出全面而系统的分析。这种对过程的忽略势必影响到研究结论的全面性，直接导致模型难以解释信念的动态变化，降低了模型的解释能力，并进而削弱其在实践中的可应用性。

2.6 本章小结

本章从技术采纳的研究现状出发，归纳了目前技术采纳研究中主要应用的基础理论和一些经典的理论模型。由于移动内容服务属于移动电子商务和电子商务的范畴，因此本章详细分析了移动电子商务、电子商务领域采纳和扩散问题的研究现状。从而为移动内容服务的采纳和市场扩散寻求历史研究的脉络和理论支持。本章最后归纳了现有研究的主要特点和不足之处，为后续的深入研究指出了方向。

第三章　结合信任的移动内容服务采纳的理论模型

本章将介绍研究模型并提出基本假设。首先介绍本研究的主要理论基础，并整合和拓展基础理论，提出移动内容服务消费者采纳影响因素的模型；其次，讨论模型中各变量之间的关系并提出相应假设。

3.1　基于 TAM 的理论假设

TAM 已经被用来研究与 ICTs 相关的应用，其中包括 Internet、电子商务和移动电子商务（Olson J. R. & Boyer K. K. 2003；Pavlou P. A.，2003；Vander Heijden H.，2003）。但是，影响人们对创新技术接受的因素应随着技术、目标客户、环境的变化而变化，移动内容服务毕竟与其他信息技术不同，所以本研究的理论假设以经典的 TAM 模型为基础，并在综合考察大量文献的基础上，结合了社会认知理论、信任理论和消费者决策行为理论，引入了其他一些影响因素而形成。

技术接受模型是 Davis 运用理性行为理论研究用户对信息系统接受时所提出的一个理论模型，提出技术接受模型的最初目的是对计算机被广泛接受的决定性因素作一个解释说明（Davis F. D.，1989）。TAM 以其简洁和较强的解释能力成为创新技术采纳研究的重要理论模型之一，而且它的正确性已经在许多研究中被验证过（Vander Heijden H.，2003）。

技术接受模型提出了两个主要的决定因素：感知有用性（perceived usefulness）和感知易用性（perceived ease of use），用这两个变量解释使用者对技术的态度和使用意向。感知有用性是指潜在使用者主观认为在某一特定的环境中使用某一系统能够提高其工作绩效的可能性。感知易用性是指潜在使用者认为使用某一系统的容易程度。在技术接受模型中（如图2－3所示），使用的意向是由使用的态度和感知有用性共同决定的，使用态度是由有用性和易用性共同决定，而感知有用性又是由感知易用性决定的。可以看出，易用性和有用性是构成消费者体验的核心要素，而消费者体验正是目前各个产业普遍强调的概念。

体验是从服务中剥离的一种有价值的商品。作为体验筹划者的企业，需要诱导和实施体验传播，以吸引消费者的消费需求和欲望。对于移动内容服务业务而言，注重挖掘消费者的潜在需求和预期欲望，并将其对产品良好的体验、愉悦的感受升华为消费者的忠诚，将成为此项业务被采纳并广泛扩散的关键。

1. 采纳态度对采纳意向的作用

1967年提出并由Fishbein和Ajzen在1975年加以修改和扩展的理性行为理论（Theory of Reasoned Action，TRA）很好地解释了消费者的决策过程，并且被广泛地应用在消费者信任的研究当中。该理论提供了一个研究消费者从建立态度到采取相应行为的决策过程的理论框架，它是建立在个体能做出理性决策的基本假设之上。假设行为的发生起源于评估讯息，接着形成态度以至于产生行为倾向，最后则导致实际的行为，该理论的最基本的观点就是：个体对于行为的态度（Attitude Toward Behavior，ATB）决定了个体的行为意向（Behavioral Intention，BI），而个体的行为意向是导致该个体最终实施相应行为的最重要和直接的因素。

理性行为理论认为个人的行为意向是预测行为的良好变量，是个人从事某特定行为的最直接的决定因素，而其他因素都是经由行为意向间接影响个人行为的（Fishbein & Ajzen，1975）。使用意向属于意向的一种，多属性研究在验证时一般将其归类于消费者的未来意向（Garbarino E. & Johnson S.，1999）。根据本研究的对象——移动内容服务业务，本研究中的使用意向指使用移动内容服务业务的使用者和潜在使用者对于使用移动内容服务业务的主观概率判定，反映了消费者个人对于使用移动内容服务的使用意向。

Fishbein 和 Ajzen 提出理性行为理论（Theory of Reasoned Action, TRA），从社会心理学角度来衡量自发性的行为意向，认为人对特定行为的态度由社会群体和个人因素引起的认知差异所决定，态度会影响人的实际意向，从而决定人是否采取实际行为（Fishbein M. & Ajzen I.，1975）。

态度是指个人对其所从事之特定行为正面或负面的评价。一般来说，态度可分为使用态度及对目标物的态度。使用态度，是指个人对行为执行结果的预期，例如，认为利用移动终端获取信息对于消费者信息获取的便利性具有正向促进作用，就是对运用移动终端进行信息消费的行为持有的积极态度。

态度有四种基本功能。第一，适应：指人的态度都是在适应环境中形成的，形成后起着更好地适应环境的作用；第二，自我防御：指态度作为一种自卫机制，能让人在受到贬抑时用来保护自己；第三，价值表现：指在很多情况下，特有的态度常表示一个人的主要价值观和自我概念；第四，认识或理解：指一种态度能给人提供一种作为建构世事手段的参照框架，因此它能引起意义感（Katz，D.，1960；Oskamp & Stuart，1977；章志光 & 金盛华，1996）。在上述四种基本功能中，都不同程度地涉及了态度的动机作用（Eagly A. H. & Chaiken S.，1993）。

使用态度的强度是由个人行为信念及结果评价乘积函数的总和决定的。个人对于某一特定行为之态度，指个人对该项行为所持有的正面或负面的感觉，是个人对此特定行为的评价经过概念化后所形成的态度，所以态度组成成分经常被视为个人对行为结果的显著信念的函数。态度由认知、情感、行动等三个因素所组成且互有关联。因此使用态度的前置影响因素是复杂的，它们决定使用态度的强弱。

鉴于采纳的态度对采纳意向的预测作用在许多研究中得到了广泛的证实（如图 3-1 中 H0 所示），如文献［Davis F. D.，1989；Plouffe C. R. et al，2001；Szajna B.，1996；Turel O. et al.，2007］，采纳的态度对于使用意向有着决定性的作用，因此，本研究将着重探索影响采纳态度的前置因素及这些前置因素的相互关系。

2. 感知易用性

本研究中我们把感知易用性定义为消费者相信自己理解和使用移动内容服务的容易程度（Davis F. D.，1989）。易用性知觉是个体对技术使用难易程度的认识。在已有理论和模型中，易用性知觉（TAM 模型中）、复杂性（IDT 模型中）、复杂度（MPCU 模型中）和困难预期（UTAUT 模型中）都属于这类指标（方针，2005）。一般而言，技术越易于理解和使用，能够自觉领会和使用该技术的人就越多，其被接受的可能性也越大。大量研究证明，易用性知觉是仅次于有用性感知的使用意向预测因子，能够直接决定使用意向，或是通过影响有用性感知和态度间接决定使用意向（Karahanna E. & Straub D. W.，1999；Subramanian G. H.，1994）。Moore 和 Benbasat 在对比 Rogers（1989）的创新扩散理论和 Davis（1989）的研究中指出，TAM 模型中的感知易用性和创新特征中的复杂性，两者的定义几乎一致，可以相互替代（Moore G. C. & Benbasat L.，1991）。TAM 模型中感知易用性，是指个人相信使用特定的创新技术且不需要过多的努力便能达到所预期的效果。Davis（1989）认为：当科技系统越容易使用的情况下，则采用系统的态度将越正向，感知易用性会直接影响认知有用性，但感知有用性对认知易用性则无直接性的影响。而 Rogers 的创新特征中的复杂性是一项创新被理解或被使用的难易程度（Rogers. F. M.，1983）。有些创新可以很容易就被一个社会系统的大部分成员所理解，而另一些创新则复杂得多，因而不容易被采用。研究表明，容易理解的创新更可能被人们采用，而复杂创新需要更多的技巧、更多的实施和运行努力，所以会减少采用的概率。复杂性普遍被认为是采用创新的障碍（Tornatzky L. G. & Klein K. J.，1982）。当消费者感知到创新产品的复杂性越低时，越有可能采用创新的产品。

Pedersen（2003）认为在移动增值 MMS 服务中，并不会因为“流媒体”和“远程呈现”技术的存在，而形成感知易用性和认知有用性之间的负相关关系，即认知有用性不会直接影响感知易用性，他认为感知易用性是采纳态度重要的解释变量。不少研究也表明了感知易用性在移动增值业务使用中的重要作用（Hsu C. L. et al.，

2007, Pedersen P. E., 2003; Pedersen P. E. & Nysveen H., 2003; Wu J. H. & Wang S. C., 2005)。

另外，根据行为决策理论中的成本—收益范式，人们往往会使用一项帮助他们更好地工作和生活的应用。其次，在潜在的使用者相信 ICTs 所提供的应用是有价值的前提下，如果为了学习使用它而付出的代价高于这项应用所提供的价值，那么用户也不会去使用。即感知易用性会影响感知有用性，而且两者都会影响使用态度(Johnson E. J. & Payne J. W., 1985)。

3. 感知有用性

董大海、权晓妍和曲晓飞（1999）认为，产品或服务的价值就是客户在购买和使用某一个产品的整个过程中对所获得的效用与所付出成本的比较（董大海等，1999）。范秀成和罗海成（2003）指出客户感知有用性是客户对企业提供的产品或服务所具有价值的主观认知（范秀成 & 罗海成，2003）。本研究中把感知有用性定义为产品或服务能够满足消费者某种需求的属性，它体现为产品或服务所具有的价值（Zeithaml V. A. et al, 1996）。在已有理论和模型中，有用性知觉（TAM）、相对优越性（IDT 模型中）、外部动机（MM 模型中）、任务适配（MPCU 模型中）、绩效预期（UTAUT 模型中）和输出期望（SCT 模型中）都属于这类指标（方针，2005）。一般而言，创新技术的使用能够带来的效用提高越多，用户接受该技术的可能性就越大。大量研究证明，有用性知觉是最强大的使用意向预测因子，能够直接决定使用意向，或是通过影响态度间接决定使用意向。

Sheth 等人（1991）提出消费者的选择行为受到了五种效用的影响，分别是功能效用、社会效用、情感效用、知识效用和情境效用。功能效用是指消费者对产品或服务在功能性、实用性与执行绩效等方面的认知；社会效用是指社会大众及周边群体对特定产品或服务的看法，它衡量了消费者对特定产品或服务的社会形象认知；情感效用是用消费者在购买此产品或服务时，情感上的愉悦程度来衡量；知识效用是指消费者通过购买产品或服务来满足好奇心、新奇感与求知欲的价值；情境效用是指在不同时间或不同的情境中，消费者对产品或服务在价值的认知上会有所差异（Sheth J. N. et al, 1991）。尽管学者对感知有用性有着多种分类方式，但是这些分类方式中，基本上都直接或间接地体现了感知价值包含功能价值、情感价值以及社会价值。

Schultz 和 Slevin（1975）提出了感知有用性对系统使用的影响，他们对六十七个因素进行了因子分析试验，结果显示有用性因子对于系统的使用影响是最显著的（Schultz R. L. & Slevin D. P. , 1975）。Robey（1979）也发现有用性和系统的使用具有很强的相关性，并认为如果系统不能为人们提供价值就不可能被接受（Robey D. , 1979）。

事实上大量的学者通过研究发现，感知有用性是用户购买意向的重要指标（Petrick J. F. , 2002；Woodruff R. B. , 1997）。目前的研究中许多学者认为用户的感知有用性对用户的购买行为既有直接的影响又有间接的影响。Sweeney 等人在电子设备领域研究了客户感知有用性的前因，以及客户感知有用性对用户购买态度的影响，发现客户感知有用性对用户购买态度存在着显著的影响（Sweeney J. C. , Soutar G. N. , 2001）。Zeithaml 通过研究证实了客户感知有用性在质量与客户态度之间起到了中介作用，也就是说，客户感知有用性能影响客户购买态度（Zeithaml V. A. , 1996）。Sirohi 等人的研究也认为，消费者付出的货币或非货币成本以及感知到的服务质量决定了其感知有用性，进而决定了消费者的购买态度意向（Sirohi N. et al, 1998）。陈明亮在社会交易理论和投资模型理论的基础上提出了客户购买意向模型，该模型认为客户感知有用性是客户购买态度的主要决定因素，而客户的感知有用性同时也会影响客户满意度（陈明亮，2003）。白长虹和范秀成通过对服务业的研究，指出了用户的感知有用性将会影响用户满意和用户的购买态度，而且用户满意也将对用户的购买行为产生影响（白长虹 & 范秀成，2002）。李东进，杨凯和周荣海通过实证研究证实了客户感知有用性会对客户的购买态度产生直接的影响，同时也会影响客户满意，进而影响客户购买意向（李东进等，2007）。

所以基于 TAM 模型和相关理论，以及现有的研究成果，本研究提出假设：

H1：感知易用性对采纳移动内容服务的态度有正向影响；

H2：感知有用性对采纳移动内容服务的态度有正向影响；

H3：感知易用性对感知有用性有正向影响。

3.2 结合信任的理论假设扩展

消费者信任和采纳是两个不同的概念，采纳一项创新技术通常意味着信任，但是仅有信任不一定产生采纳和使用的行为。信任常常被作为影响消费者采纳的一个重要可能的因素。有很多研究者注重对信任的研究，信任也是本研究的一个核心问题，本研究把它作为一个重要的中介变量。

3.2.1 信任概念界定

信任是一个非常复杂的概念，不同的学科对于信任有着广泛的研究，由于研究的侧重点不同，对于信任的理解和定义也不尽相同。心理学、社会学和经济学对信任都有着不同的定义。

最早对信任进行研究的 Deutsch（1958）对信任给出如下定义：所谓对某件事情发生的“信任”是指，预期某件事情会发生，并且根据这一预期做出相应行动，虽然也许此事并未如预期般地出现，且行动可能带来的坏处比如果此事如期出现可能带来的好处大得多（Deutseh M.，1958）。

据心理学领域对信任的描述，可以看出信任有三个主要特点：首先，信任是一种预期，预期的正确与否是存在风险的，预期要通过最终的行为选择来反映；其次，信任产生的必要条件是风险的存在和合作双方的相互依赖；最后，信任是一种非理性行为，不会因为一时的获利去攻击对方的弱点，同时愿意将自己的弱点暴露在另一方的面前。

在经济学理论范畴中，研究者们基本上都是从理性选择的理论来把握信任，把信任理解为理性行动者在内心经过成本—收益计算后做出是否给予信任的选择，即个体被认为倾向于做出理性的、利益最大化的选择，是一种计算型信任（Moorman C. R.，1993；Willimson O. E.，1985）。

营销学者把信任定义为：信任是指合作的一方对另一方的可靠性和诚实度有足够的信心（Morgan R. M. & Hunt S. D.，1994）。

管理学者通常认为：信任是一方对于另一方的行为处于一种弱势地位的意愿，该意愿是基于这样一种预料，即另一方将履行一个特定的、对于信任者重要的行为，而不管自己是否有能力去监控或控制另一方（Mayer R. C. et al，1995）。Doney 和 cannon 基于社会心理学和营销学的文献认为，信任是感知的被信任对象的可信度与善意（Doney P. M. & Cannon J. P.，1997）。从以上定义可看出，信任的概念往往包含着弱势（Vulnerability）、依靠等词语，因此信任往往同风险（Risk）、不确定性分不开。没有信任，许多商业交易也就无法开展。具体到移动内容服务的应用方面，顾客对于移动内容提供商的信任是移动内容服务得以实现和普及的重要前提。

Mayer 等提出了一个关于信任的闭环动态模型。在该模型中，感知的信任度主要来自三个方面：能力、善意、正直，这三方面以及信任倾向将影响消费者的信任，同时信任倾向将调整这三方面同信任之间关系的强度，信任与感知风险共同决定关系中的风险承担，即当信任超过感知的风险，则其将承担风险，若感知风险超过信任，则其将放弃承担风险。风险承担影响结果，而结果又将影响其对对方的信任的感知，从而形成了一个信任的闭环动态模型（Mayer R. C. et al，1995）。

综合来看，有三类关于信任的定义是比较有代表性的，　类是以 Morgan 和 Hunt（1994）、McKnight 等人（1998）、McAllister（1995）等人为代表的观点，他们把信任定义为信任方对被信任方的能力、诚实和善意的信心，强调的是信任方对被信任方的能力、诚实和善意等特征的积极信念。第二类是以 Rousseau 等人（1998）、Mayer 等人（1995）为代表的观点，他们把信任定义为信任方基于对被信任方的倾向和行为的积极预期而主动把自己的弱点暴露给被信任方，宁愿承受由此而产生的损失的积极意愿，强调的是信任方主动暴露自己的弱点，而甘愿承担遭受损失的风险的态度。第三类则是以 Ganesan（1994）等人为代表的定义，把信任看成是信任方依赖于被信任方的意愿（McAllister & Daniel J.，2002；Rousseau D. M. et al，1998；Ganesan S.，1994）。

在本研究中，我们倾向于认同信任定义的第一类观点，并把这一定义应用到消费者对移动内容服务供应商的信任中，从而把信任定义为：信任就是消费者在存在风险的市场环境中对移动内容供应商的能力、善意和诚实的信念。另外，在 Fathmeh 和 Jaeki 的研究中，区分了认知上的信任和情感上的信任，把认知上的信任定义为消费者对于受信方拥有必要的能力、善意和诚实的理性预期，它属于信念概念的范畴，是信任的信念；而情感上的信任被定义为消费者从受信方获得安全感（Feels secure and comfortable）的程度，它属于态度概念的范畴，是信任的态度（Fatemeh et al，2008）。在他们的研究中，消费者认知上的信任影响情感上的信任。根据该研究成果，本文的研究中也区分了认知上的信任（信任的信念）和情感上的信任（信任的态度）。

本研究的信任限定于在移动内容服务的环境中消费者对于移动内容提供商的信任，包括信任信念和信任态度。下面将结合心理学、社会学和经济学等不同学科，从消费者心理、服务特点等角度来研究影响移动内容服务消费者信任的因素。

3.2.2 信任态度

Fathmeh 和 Jaeki 的研究认为信任的信念影响信任的态度，从而对采纳行为产生影响。消费者在面对不确定性环境做出购买决策时，往往需要获得足够的关键信息，能够预见到决策所能导致的结果，并对该决策结果有足够的信心（Fatemeh et al，2008）。可以认为，只有消费者对移动内容服务供应商的诚实和善意有信心时，才能够有效地预见到购买决策的可能结果，只有对移动内容服务供应商的能力有信心时，才会对决策结果有信心。在这样的情况下，消费者才会产生积极的态度，形成购买倾向。消费者对移动内容服务供应商三个维度的信任信念都会影响消费者的信任态度。

Shankar 等认为信任的结果包括三个大的方面：行为意向、满意度与忠诚度、企业绩效（Shankar V.，2002）。行为意向包括：对企业的态度、风险感知、购买的意愿、建立同公司的长期关系；满意度和忠诚度包括：问题解决、满意度、承诺、重复购买、忠诚度等；企业绩效包括价格、收益、获利性（ROI）、股东价值。由于信任是用户使用和接受移动内容服务的重要因素，因此，消费者行为意向也是对移动内容服务是否信任的一个重要结果。参照 Mcknight 等用理性行为理论构建的信任框架模式，在移动内容服务的环境中，信任（感知的移动商家特征和移动服务可靠性）会影响态度（消费者满意度、采纳的态度），也会影响消费者参与重复购买的意向（用户忠诚）（McKnight D. H.，1998）。大量的研究都关注了消费者的信任态度对其采纳态度的影响。例如，Gefen（2002）、McKnight 和 Chervany（2002）以及 Wu（2011）都分别在不同的研究中证明了消费者对特定供应商的信任态度能够正向影响消费者对该供应商的产品和服务的采纳态度（Gefen D.，2002；McKnight D. H.，& Choudhury V.，2002；Wu Kewen，2011）。因此，本研究提出假设：

H4：移动内容服务信任的信念对移动内容服务信任的态度有正向影响。

H5：移动内容服务信任的态度对移动内容服务的采纳态度有正向影响。

H6：移动内容服务信任的态度对用户感知有用性有正向影响。

3.2.3 感知信息质量对信任信念的影响

缺乏信任是阻碍消费者购物的一个主要原因。产品质量是消费者对于商家所销售产品或服务的质量、多样性以及客户服务等各种和产品相关因素的总体判断。当一个消费者感觉商家所销售的产品质量优，而且服务好，这无疑会增加其购买的意向，同时消费者也会觉得商家是比较可信的。由于提供移动内容服务的商家与消费者之间的时空分离，购买产品之前并不能对产品和服务进行检验，造成移动内容服务具有更大的风险和不确定性。在这种情况下，提高用户感知的产品和服务的质量能建立信任，有效降低消费者对风险的感受，从而促进消费者采纳态度的形成。对文献的调查也发现，产品质量影响消费者信任。如：Kennedy 等人（2001）以及刘子龙（2010）的研究证明，产品质量是消费者对制造商和销售人员产生信任的原因之一（Kennedy M. S et al，2001；刘子龙，2010）。McKnihgt 等人认为，网络可靠性影响消费者信任网络供应商（McKnight D. H. et al，2004）。Chen 和 Dhillon（2003）的研究认为，网站质量通过能力、诚信和真诚对消费者信任有着间接影响（Chen S. C. & Dhillon G. S.，2003）。Siau 和 Shen（2003）认为，网络信任形成的延续期，消费者对网络供应商的信任受到站点质量的影响（Siau K. & Zixing Shen，2003）。Corbitt（2003）等人的研究也发现，网站质量影响消费者网络购买信任（Corbitt B. J.，2003）。

因为消费者不可能在初次购物时感受到产品或服务的质量，但对于消费者的重复购物行为，服务质量将成为影响信任的主要因素。本研究对于信息质量的测量将参照 SERVQUAL 理论，分别从内容相关性、可理解性和技术可靠性等方面进行设计。主要对移动内容的准确性、布局的美观性、内容的及时性等进行测量。

结合以上的分析，我们提出以下假设：

H7：感知信息质量对感知有用性有正向影响。

H8：感知信息质量对信任的信念有正向影响。

3.2.4　感知声誉对信任信念的影响

声誉（Reputation）是指公众感觉到的企业对消费者的诚实、关心和履行协议的程度（Doney P. M. & Cannon J. P.，1997；邵兵家等，2006）。即当企业具有较高声誉时，其越诚实待客、越会替顾客着想，反之亦然。无论是在传统市场还是在网络环境中，声誉对信任均具有正向影响。例如，许多相关的研究证实，声誉对信任具有重要作用，在建立信任的初始阶段其作用尤为显著（Ganesan S.，1994）。

声誉是长期积累的结果，是量化信任的最直接的手段。声誉反馈机制积累并发布了用户过去的交易行为。供应商的声誉就是供应商诚实并关心客户利益的行为，及其在行业中获得的其他企业和人员的评价（Doney P. M. & Cannon J. P.，1997）。生产者可以通过

“行为公正”在行业内建立起良好声誉，同时也会因为频繁的关系中止或利己行为使得声誉迅速下降。良好声誉很容易在行业内传开，并提高企业的可信度。

基于过程的信任与过去的或期望的交换有关，如声誉和品牌名称。先前的交易记录可以从先前的交易结果中间接地（如声誉、品牌、质保）或直接地获得。企业和个人有一些方法来建立基于过程的信任。方法之一是创造一种积极的声誉或品牌名称（Lane C.，1998）。因为直接衡量基于过程的信任十分昂贵，所以，企业需要在交易中使用符号，如那些代表了过去交易历史的声誉或品牌名称来传递信任信号。企业需要通过如广告这样的正式形式对基于过程的信任进行投资（Zucker L. G.，1986）。建立基于过程的信任的另一种途径是对潜在客户做出某种承诺，这已被认定为发展信任的核心。在这种情景中，承诺被定义为“对改变刺激结构的行动，自愿、有意识地做出的保证，这就意味着要暴露未来行动的后果”（Snijders C.，1996）。

可见，基于过程的信任建立机制强调声誉和承诺在信任建立中的作用。前者表现的是过去互动交往的反馈积累，后者则激励当下和未来的互动交往。所以，我们也可以把基于过程的信任建立机制理解为信任是在双方互动过程中建立起来的这样一种机制。

声誉对网络卖方的信任建立是非常重要的（Fung R. K. K. & Lee M. K. L.，1999）。当消费者没有和商家进行过交易，口碑将是吸引消费者的重要因素。如果听说其他人曾经与此商家有过愉快的交易，将可以减少消费者对风险的感知，强化对商家的能力、善意和诚实的看法。在许多的信任研究文献中，声誉是信任的一个重要影响因素，特别是对专家的信任（见文献［Barber，B.，1983］）和对商家的信任（见文献［Doney P. M. & Cannon J. P，1997.］）。JarvenPaa 和 Tractinsky（1999）发现感知声誉会正面的影响消费者对于网络卖方的信任，且影响非常显著（Jarvenpaa S. L. & Tractinsky N.，1999）。JarvenPaa（2000）发现声誉正面影响网络卖方的信任（Jarvenpaa S. L. et al，2000）。基于上述探讨，本研究提出以下假设：

H9：感知声誉对信任的信念有正向影响。

3.2.5 相关经验对信任信念的影响

当消费者有了相关的交易经历以后，消费者的相关经验将影响消费者的信任信念。消费者对于商家的种种猜测和预期通过相关经验进行修正，过去在没有直接信息情况下信任判断的依据将会发生变化。对于信任的这种发展过程，在20世纪80年代出现了认知过程的双路径理论（Dual process theories of cognition）来加以解释，这其中比较具有代表性的是Cacioppo和Petty等人在1986年的研究中提出的ELM理论（Elaboration Likelihood Model），ELM理论认为在人的信念形成过程中有两个最主要的形成路径，分别是中央路径（Central Route）和外围路径（Peripheral Route）。在中央路径下，信念的形成主要是来自于对可以获得的信息的仔细评价以及采取这种态度可能带来的好处；而在外围路径下，信念的形成主要是来自于对信息来源的一个简单的正面或是负面的判断，比如说，信息提供者的人品和名声如何，如果信息提供者受到信任，那么，人们就容易根据这个信息提供者提供的信息来形成自己的信念。而对于选择这两个路径中的哪一个来形成自己的信念则决定于个人愿意付出认知努力的动机和能力（Chaiken S.，1980；Petty R. E. & Cacioppo J. T.，1986）。使用中央路径需要付出更多的认知努力，除非有很明确的价值来这样做，否则人们都会避免采用这种方式。而且使用中央路径一个必要的条件就是要有足够的信息来源。由中央路径形成的信念由于过程比较仔细，信息比较完全，所以相对而言这种信念比较稳定。而由外围路径形成的信念则相对比较脆弱（Petty R. E. & Cacioppo J. T.，1986）。就本研究而言，移动内容提供商和消费者的利益切实相关，而对移动内容服务商采取信任信念必然会给自己带来一定的风险，所以为了规避这些风险，消费者是愿意花费精力来采用比较可靠的路径形成自己的信任信念。但在初始信任阶段，由于消费者对于移动内容提供商的一手资料和信息较少，没有办法利用中央路径来形成信任态度，所以消费者只能利用从环境和其他的参考方那里得到的相关信息来作为判断的依据，很大程度上是采用了外围路径的方法来形成自己的信任信念。而一旦消费者有了相关交易经历以后，消费者有了与移动内容提供商相关的资料和信息，这时候消费者将会愿意花费精力来利用这些信息建立对移动内容提供商的信任判断，这时候更多的是使用了中央路径的方法。所以在影响消费者信任信念的因素当中，信任倾向、环境和其他因素将发生改变，消费者将主要依据自己的相关交易经历来对移动内容提供商的产品质量、产品价值和其他相关的信息来进行评估，建立信任判断。这里需要强调的是，相关的经验不仅影响消费者的信任信念，可能还会改变其他信任影响因素对信任信念的作用。基于上述理论，本文提出假设：

H10：以前的相关经验对信任的信念有正向影响。

3.2.6 个人信任倾向对信任信念的影响

信任倾向性是指一个人表现出来的愿意信赖他人的一贯性倾向。大多数信任研究学者认为信任是情境和权变的。但信任也能被概念化为一种跨越情境、跨越人的结构，这与信任主体的个人特征相关。按照 McKnight 和 Chervany 提出的信任分类，这种信任类型被称为气质信任（Dispositional Trust）（McKnight D. H. & Choudhury V.，2002）。

个人信任倾向是一种重要的人类行为，是否信任他人或其他事物，以及在多大程度上信任他人或其他事物，是每一个个体经常需要做出的抉择。由于个体通常具有不同的成长经历、人格特质以及文化背景等，不可避免地导致了个人信任倾向表现出一定的差异。这种信任倾向不是基于信任者对某一特定的对象的经验与认证，而是基于信任者在以往生活过程中的一般经验与社会认知。当信任者对于某一特定的受信方缺乏深入的个人了解的时候，这种基本信任观念对于确定信任者对该被信任者信任程度的影响会变得尤为显著。

按照 McKnight（2002）的观点，气质信任通常从两个维度加以分析，一是对人性的信心（Faith in Humanity），二是信任立场（Trust Stance）（McKnight D. H. & Choudhury V.，2002）。对人性的

信心指的是个体对他人是否具有正直、道德、善良、诚实、可靠等人格特质的信心。正如信任通常被认为是信任者对被信任者的道德、诚信、能力三个维度特质的评价与态度，对他人的信心是信任者基于以往生活过程中的一般经验与社会认知而形成的一种基本的信任观念。信任立场指的主要是个体在对他人缺乏了解但又需要做出信任判断的前提下预设的一种是否信任他人的初始态度。正如信任是个体用以简化复杂性的机制一样，信任立场也同样可以被理解为个体简化复杂做出决策的一种策略性手段（卢曼等，2005）。比如，当一方对将要与之交易的另一方缺乏足够的了解时，消费者可以首先战略性地选择相信该营销者直到实践证明这种决策不妥，或者相反，他首先战略性地选择不信任对方直到实践证明这种选择不妥。

对人性的信心是个体对他人是否值得信任的一般性看法，个人信任倾向作为一种一般性观念，会影响移动内容服务交易者对对方的信任。信任者对对方缺乏了解时，个人信任倾向作为其基本信任观被认为是导致信任产生的重要因素。Gefen 的研究也曾证实了消费者的基本信任观念会影响消费者对于特定销售商的信任（Gefen D.，2002）。既然个人信任倾向作为一种个人特质，一种基本信任观被认为是导致信任产生的重要因素，本研究也认为个人信任倾向会正向影响对于移动内容服务提供商的信任信念，因此提出如下假设：

H11：个人信任倾向对信任的信念有正向影响。

3.2.7　感知易用性对信任信念的影响

在传统商务中，商场的店面装潢、物理设施等外观形象，以及商家接洽人员的态度、行为等都将直接影响客户的信任。同样，移动内容服务的交易也是如此，电子界面的质量给客户留下重要的第一印象。好的界面设计将会吸引客户并促进进一步的沟通与交互。也有研究表明，Internet 用户在网上购物时通常根据他们的感觉直观地做出信任判断。因此，电子页面的设计特征，如信息架构和信息展示方式是易用性最直接的表现。例如，错综复杂的许多链接中，清晰的结构、快速方便的导航将有利于增强客户的信任。这意味着客户能够便捷地找到自己所需要的信息。另外，客户帮助，新手上路等功能通过指导新客户快速地搜寻信息和执行交易，也将有助于客户对内容服务提供商信任的提高。而信息的可获取性是客户建立初始信任的重要因素之一。Gefen（2003）等通过实证研究表明，消费者感知的易用性传递出商家值得信任的因素，即可能具有较好的能力、诚实或善意（Gefen D. et al，2003）。

在移动内容服务商务中，消费者首先就是要学习使用移动内容服务的各项功能，掌握该服务的各项规则。由于一个特定的网站总是与一个特定的在线供应商相联系，所以，消费者在学习使用该服务的过程中，会根据对易用性的感知来形成对移动内容服务供应商的感知态度。并且，这种态度会体现在消费者对移动内容供应商的信任信念的全部三个维度中，包括供应商能力；该供应商在设计该服务时在多大程度上能够替消费者着想，使消费者不用付出太多努力就能够熟练使用该服务；在多大程度上，供应商具有发展与消费者之间的良好关系的真诚愿望。于是，我们有如下感知易用性与信任信念三个维度之间关系的假设：

H12：感知易用性对信任的信念有正向的影响。

3.2.8 感知采纳成本

成本是用户考虑使用或购买产品的重要影响因素。研究表明，经济动机和结果是采纳研究的焦点，而成本往往是采纳行为的重要影响因素（Mathieson K. et al，2001；Shin D.，2010）。Hung 等的研究表明，服务成本对用户采纳移动服务的态度有显著的影响（Hung S. Y. et al，2003）。由于移动内容服务涉及网络流量、短信等费用，当用户认为服务费用太高时，容易产生消极负面的态度。用户认为移动内容服务成本可以接受，才会考虑采纳这项服务，从而发生使用行为。

因此，给出以下假设：

H13：感知的采纳成本对消费者使用移动内容服务的态度有负向影响。

3.3 结合 Tust 和 TAM 的移动内容服务采纳理论模型

3.3.1 两类消费者移动内容服务采纳的静态比较模型

综合本文研究的上述理论假设，可以建立如图 3－1 所示的结合 Trust 和 TAM 的移动内容服务采纳的理论模型。从模型图中可以看出，以感知易用性、感知有用性和采纳态度为核心的 TAM 构成了本研究模型的基础（虚线框以内所示），其他扩展因素通过 TAM 影响消费者的采纳意向。在扩展的影响因素中，信任是关键的中介变量。它是采纳态度的前置变量，同时，感知声誉、感知信息质量、以前的经验和个人信任倾向是信任的前置变量。可以把信任因素作为 TAM 与扩展因素之间的黏合剂，通过信任这一中介变量，实现了 TAM 模型的扩展，这样在提高模型解释能力的前提下，仍然能保持模型的简洁性。本研究不仅要验证该理论模型的正确性，还将把消费者分成潜在消费者和忠实消费者，静态比较理论模型中两类消费者采纳影响因素的变化。

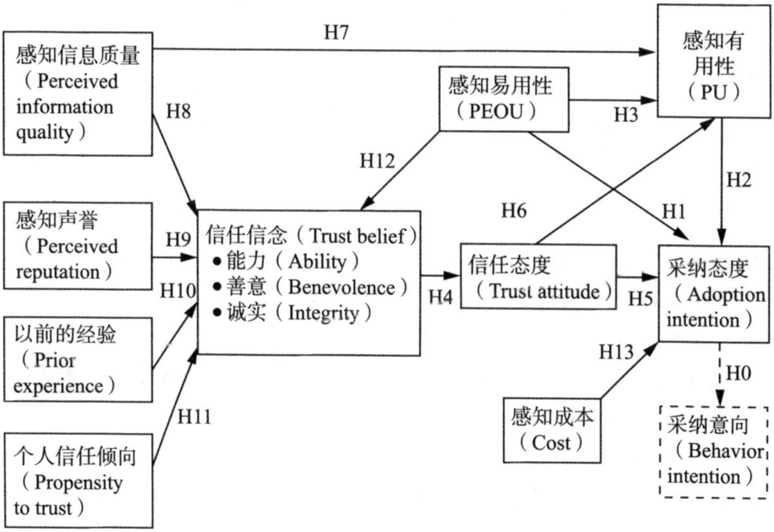

图 3－1 结合 Tust 和 TAM 的移动内容服务采纳理论模型

3.3.2 信任的动态演化模型

如上所述，信任是重要的中介变量，它体现了其他扩展因素的影响结果，并且直接对TAM模型产生作用，因此有必要专门对信任的形成进行深入的研究。

信任是一个动态发展的概念。用户在参与交易前，都要经历从初步认知、了解、形成初始信任到购买尝试的过程，最后才建立起成功购买后的基本信任。这个信任度会随着成功交易经历的增加而逐步增加，即每个用户对于交易的信任将会随着其成功购买经历同步形成并且逐渐稳定。因此，消费者的信任可以分为初始信任和关系信任两个阶段。随着交易的进行和用户对产品或服务了解的进一步增强，初始信任会渐渐转化为关系信任。随着这两个阶段的转化，影响信任的诸多因素的重心将会发生偏移。

许多学者认为，信任是动态的和变化的。信任是基于购买经历慢慢形成的。而在信任形成的过程中，初始信任的建立是至关重要的。Shapiro（1987）的关于信任的阶段式发展理论也得到了许多学者的认可。按照Shapiro等人的观点，在商务活动中交易双方信任的发展可分为三个阶段，即基于威慑的信任、基于知识的信任和基于共识的信任。基于威慑的信任是指一方考虑到对方担心受到惩罚而会按照许诺行事，如合同。它往往与社会规范等相联系，借助法律制裁的可能性，利用合同来增强对对方的约束。基于知识的信任建立在双方一定次数交易的基础上，双方能够了解和预测对方的行为，了解程度越高，信任程度也越高。基于共识的信任即指伙伴间有共同的目标和共同的价值取向，互相间像是一个统一的实体，共同促进，实现双赢。

Ba（2002）认为，在电子商务交易建立初期，信任是一种基于威慑或计算型的信任。当交易继续进行，关系得到发展时，双方间信任转化为基于信息共享的信任（Ba S. & Paul A.，2002）。McKnight（2004）提出了电子商务信任的二阶段模型，将在线信任形成分为介入前期和访问阶段，并针对不同阶段的影响因素进行了探讨（McKnight D. H. et al，2004）。如在用户介入前期，对方的声誉和第三方信任机构对信任建立起着重要作用。Ratnasingam（2003）也根据交易的进一步发展将电子商务中的伙伴关系分为技术信任和关系信任进行探讨（Ratnasingam P. A.，2003）。

此外，Deelmann 和 Loos（2002）还建立起在线信任的周期演化模型，他们认为，信任形成过程中，彼此的信任度将经历从低到高的发展（Deelmann T. & Loos P.，2002）。交易初期，用户都愿意信任对方，达成交易，交易结束后，进行评价，如果结果满意则信任度加强，并进行下一轮交易；否则则降低信任度或退出交易，依次循环类推。

通过识别影响信任信念变化的一些重要相关因素，可以建立一个概念化的信任变化的动态模型（如图 3－2 所示）。信任信念的变化需要新的信息，第一手的使用经验在形成新的信任信念的过程中是非常重要的资源。当消费者获得移动内容服务，信任的变化过程开始于消费者最初接触移动内容服务，到尝试订阅移动内容服务，最终把移动内容服务作为自己获得信息的一种重要渠道，并依赖这些信息解决问题、辅助决策。移动内容服务此时已经扮演着消费者信息代理的重要角色。很多与信任有关的研究显示信任和行为倾向有着密切的关系（Gefen D.，2003）。

消费者满意是消费者的情感状态，它反映了消费者的预期在多大程度上得到了实现。消费者满意影响未来信任的形成，同时，消费者满意也是以前使用过程的结果，它体现了影响信任建立的前置因素，是前置因素影响水平的总体反映（Anderson N. H.，1971）。因此，在研究信任变化的模型中，用消费者满意体现感知信息质量、感知声誉、以前的经验和个人信任倾向对信任信念的作用。

满意是通过改变消费者的预期从而实现对消费者未来行为的影响（Seddon P. B.，1997），也可以说消费者满意是连接目前结果和未来信念、行为的黏合剂。在 Anderson 的 IIT 理论中，态度和信念不会被新的信息、事件完全替代；相反，新的信息会整合进入老的态度和信念中，从而形成了新的态度、信念。Sawyers 和 Anderson 利用实验的方法验证了参与者对信息的整合从而形成新的信念、态度的过程（Sawyers B. K. & Anderson N.，1971），而且在认知心理学信念调整理论中也有类似的假设。随着时间的推移，消费者将获得新的信息，这些新的信息对消费者产生积极的或者消极的影响，从而加强或者削弱了原有的信念（Hogarth R. M. & Einhorn H. J.，1992；Kerr D. S. & Ward D. D.，1994；Pei B. K. W et al，1992）。这种信息整合的理论也被广泛应用在人工神经网络系统的开发之中，因为它与人类学习的机制也有相同之处，即学习是一个渐进的过程，学习是基于新的信息和已有知识基础之上才能完成的（Zahedi F. M.，1993）。作为与渐进学习和信念变化理论相似的假设，信息整合理论也认为情感状态和信念是渐进变化的。基于信息整合理论，本研究提出信任相关的信念在T2阶段（关系信任阶段）的变化是基于消费者满意的程度和接受的新信息所形成的。也可以说在T1阶段（初始信任阶段），新的信息整合进入老的信任信念中从而在T2阶段形成了新的信任信念①。因此，有如下假设：

H14：消费者在T1阶段对移动内容服务提供商能力的信念正向影响T2阶段消费者对移动内容服务提供商能力的信念。

H15：消费者在T1阶段对移动内容服务提供商善意的信念正向影响T2阶段消费者对移动内容服务提供商善意的信念。

H16：消费者在T1阶段对移动内容服务提供商诚实的信念正向影响T2阶段消费者对移动内容服务提供商诚实的信念。

H17：消费者在T2阶段对移动内容服务提供商的满意程度正向影响T2阶段消费者对移动内容服务提供商能力的信念。

H18：消费者在T2阶段对移动内容服务提供商的满意程度正向影响T2阶段消费者对移动内容服务提供商善意的信念。

H19：消费者在T2阶段对移动内容服务提供商的满意程度正向影响T2阶段消费者对移动内容服务提供商诚实的信念。

信任的态度和消费者满意之间的关系在许多静态模型中得到研究，其中包括：工作满意（见文献［Rich G. A.，1997］），客户关系管理（见文献［Garbarino E. & Johnson S.，1999］），和品牌营销

---

① TI阶段表示消费者采纳移动内容服务的早期，即初始信任阶段；T2阶段表示消费者采纳移动内容服务的后期，即关系信任阶段。

（见文献［Ha H. U. & Perks H.，2005］）。Singh 和 Sirdeshmukh 认为在建立客户关系的过程中，信任的态度会影响满意度（Singh J. & Sirdeshmukh D.，2000）。在电子商务的研究中，Floh 和 Trieblmaier 发现满意和信任将导致消费者对于电子银行的忠诚（Floh A. & Trieblmaier H.，2006）。研究移动内容服务信任变化的模型中，信任的态度反映了消费者对于移动信息代理的情感状态，它体现为消费者对移动信息代理将提供的信息服务的一种预期。满意作为行为之后的情感状态反映消费者对信息使用过程的感觉。根据社会心理学的理论，情感状态是先前状态的继承并且结合新的情感状态整合而形成（Anderson N. H.，1971）。因此，有如下假设：

H20：移动内容服务的消费者在 T1 阶段的信任态度对于 T2 阶段的移动内容服务消费者满意有正向的影响。

移动内容服务的使用程度可以被看作是对这种信息服务的一种整体的认知评价。一个较高水平的使用程度意味着移动内容服务可以为消费者提供高水平的效用。在代理理论中，信任的态度被看作对代理人可以提供参与者所需要的信息服务的一种期望。如果消费者不信任移动内容服务的提供商，是不会花时间使用这种信息服务的。

衡量移动内容服务是否成功的一项重要指标是消费者满意。在许多领域的研究文献中，消费者满意是最重要的创新采纳原因和衡量创新是否成功的指标（DeLone W. & McLean E.，2003；Seddon P. B.，1997；Wixom B. H. & Todd P. A.，2005）。Delone 和 McLean 回顾了与使用和满意有关的研究文献。消费者满意作为一种情感状态将导致继续使用并且成为衡量成功的标准（Te'eni D.，2001）。如果消费者使用的移动内容服务能产生利益并且满足了他们的信息需求，那么，增加信息服务的使用程度意味着对于移动内容服务产生利益的正向认知评价，满意是消费者使用行为发生之后的情感状态。消费者满意能留住消费者，产生消费者忠诚，使消费者向其他人推荐满意的服务，企业的声誉也随着消费者的社会关系网络得以传播。因此有如下假设：

H21：消费者在 T2 阶段使用移动内容服务的程度对 T2 阶段消

费者满意有着正向的影响。

在移动内容服务的采纳因素中信任的影响至关重要，因此，为了研究移动内容消费者从潜在用户发展成忠实用户的过程中，信任信念影响因素的变化趋势，本研究总结上述理论假设，提出如图 3－2 所示的待检理论模型。

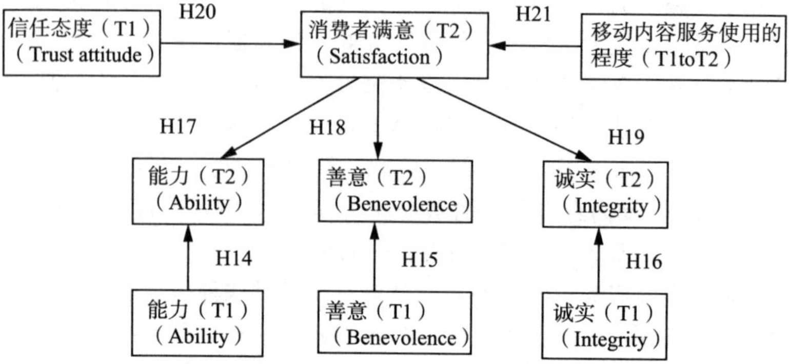

图 3－2　移动内容服务采纳中信任信念变化模型

注：T1 代表消费者的初始信任阶段。T2 代表消费者的关系信任阶段。

3.4　本章小结

本章通过理论分析，建立了两个有待数据验证的理论模型。其中，第一个理论模型是结合了 Trust 和 TAM 的移动内容服务采纳模型，信任作为重要的中介变量被引入 TAM 之中，信任信念的度量采用了能力、善意、诚实三维的方式，而且在影响信任信念的前置因素中重点考虑了信息质量、企业声誉、以前的经验和个人信任倾向对于信任信念的影响，另外，成本因素也是模型的一部分。在第二个理论模型中，本章构建了一个动态的信任变化的模型，建立了信任信念的形成与消费者早期信任信念之间的关系。该模型还提出了使用程度、消费者满意与信任信念形成之间的假设关系。

第四章　研究设计

本章主要讨论各个变量的测量、问卷的设计以及数据收集的程序与方法。通过梳理前人对各个变量测量方法的研究，得出了问卷的初始量表。之后，就初始问卷设计进行了意见征集和小规模访谈，以进一步验证变量设计的有效性并消除问项的歧义。最后通过小范围的问卷式调查，进行量表的前测，在征求相关专家意见的基础上，结合部分量表填写者的意见，对量表进行了再次修改，形成最终量表，并进行大规模的问卷发放与数据收集。

4.1　研究变量的测量

对变量的设计和测量在问卷调研中较为讲究，因为变量的测量方法牵涉到问卷的信度与效度，间接影响调研数据的真实性与准确性。开发一套稳定而有效的变量测量工具需要经过多次的筛选与大量实证数据的检验，工作量较大。为了保证变量测度的科学性，本研究尽量采用已经大量经过实证数据检验的变量测量工具，当无法利用现成的测量工具的时候，本研究主要根据有关文献与其他学者的建议来确定变量的测量方法。同时，为了提高测量工具的信度与效度，本研究在借鉴被学者们实证检验过的测度指标的基础上，对其做适度修改，使其适合本研究的背景。

由于 Nulmally（1978）指出，每一个变量至少包含三个以上的题项时，才能保证其有足够的效度（Nunnally，J. C.，1978），Churchill（1979）也指出当变量的多个题项的测量结果具有一致性时能够增强信度（Churchill，G. A.，1979），Danaher 和 Haddrel（1996）也指出了用多个题项测量一个变量要比单个题项可靠（Danaher P. J. & Haddrel V.，1996），因此本研究主要借鉴每个变量含有三个以上测量题项的文献进行量表的梳理。

4.1.1 感知有用性的测量

本研究用感知有用性测度用户的功能价值。TAM 的有效性已经被很多的研究所证实，Adams，Nelson 和 Todd（1992）在不同的背景下重复了 Davis（1989）的研究，发现他们的测度结果和 Davis 的非常接近（Adams D. A. et al，1992）。而 Hendrickson、Massey 和 Cronan（1993）又对这两个变量的题项进行测试与重测，结果发现感知有用性的 alpha 系数为 0.59～0.96，而感知易用性的 alpha 系数为 0.90～0.94（Hendrickson A. R.，1993）。尽管 Davis 的这一量表有着很高的信度和效度，但是很多学者还是会根据具体的研究背景进行适当修改，修改后的量表可以获得很好的信度和效度（Eriksson K. & Nilsson D.，2007；Moon J. W. & Kim Y. G. L.，2001）。本研究将主要参考 Davis（1989）和 Elizabeth（2004）开发的感知有用性的量表，并在语言表述上根据中文的语境进行适当的调整，结合移动内容服务的特点进行适当修改。对感知有用性的测量具体见表 4－1。

表 4－1 感知有用性测量

测量变量	测量项目描述	项目编号	参考文献
感知有用性（PU）	移动内容服务可以提高获得信息的及时性。	PU1	Davis（1989） Elizabeth（2004）
	移动内容服务使信息的获得不受地点的限制。	PU2	
	移动内容服务可以减少自己搜索信息的时间。	PU3	
	移动内容服务使信息获得的方式更加多样化。	PU4	
	移动内容服务使我能更好地利用琐碎时间。	PU5	
	总的来说，移动内容服务将会成为一种有用的信息获得方式。	PU6	

4.1.2 感知易用性的测量

在关于感知有用性测量的讨论中，可以看出 Davis（1989）开发的关于感知有用性和感知易用性这两个变量量表的有效性已经得到了很好的证实。因此本研究将主要参考 Davis（1989）开发的感知易用性的量表，并在语言表述根据中文的语境进行适当调整，同时将参照前人对 Davis（1989）的量表修改得到的新量表，从而实现对于感知易用性的测量。对感知易用性的测量具体见表 4－2 所示。

表 4－2　感知易用性测量

测量变量	测量项目描述	项目编号	参考文献
感知易用性（PU）	学习使用移动内容服务对我来说不是难事。	PE1	Davis（1989）
	订阅移动内容服务对我来说不难。	PE2	
	取消订阅移动内容服务对我来说不难。	PE3	
	使用手机等移动终端浏览收到的移动信息对我来说很容易。	PE4	
	总的来说，使用移动内容服务对我来说是容易的。	PE5	

4.1.3　采纳态度的测量

对于采纳态度的测量，本研究将主要借鉴 Elizabeth（2004）和 Teo 与 Pok（2003）的研究成果，并根据研究需要和中文的语境作适当修改而形成。Elizabeth（2004）和 Teo 与 Pok（2003）研究对于采纳态度的测量信度均超过了 0.8。采纳态度的测量如表 4－3 所示。

表 4－3　采纳态度的测量

测量变量	测量项目描述	项目编号	参考文献
采纳的态度（AI）	利用移动终端随时获得所需信息是个好主意。	AI1	Elizabeth（2004） Teo&pok（2003）
	我有可能订阅我所需要的移动内容产品。	AI2	
	我会考虑使用移动内容服务的。	AI3	
	我愿意让移动内容服务帮助我快速获得重要信息。	AI4	
	我愿意让移动内容服务作为我获取信息的一种方式。	AI5	
	总的来说，我愿意采纳移动内容服务。	AI6	

4.1.4 消费者满意的测量

定义和测度客户的总体满意是一件非常复杂的事，目前学术界对客户满意有多种定义方式，这就造成不同学者在测量客户满意时采用不同的测量指标。尽管存在许多客户满意的测量题项，但是Danaher和Haddrell（1996）指出它们可以归为三个主要种类：绩效测量、满意测量和不一致测量。以往的创新采纳研究中有不少采用绩效测量的方式，不一致测量的方式，其信度和效度也非常好。但是以往基于ECT理论和ECM－IT模型的研究基本上采用满意测量，即从认知和情感两个方面进行测度。许多学者的研究中用户满意的测度都采用了同样的方式并获得了很高的信度（信度值都超过0.9）。因此本研究也将参考此种测量方法制作测量工具。消费者满意的具体测量如表4－4所示。

表4－4 消费者满意的测量

测量变量	测量项目描述	项目编号	参考文献
消费者满意（CS）	移动内容服务商提供的信息基本能满足我的需要。	CS1	Sarv Devaraj (2002)
	总的来说，我的移动内容服务的体验是令人满意的。	CS2	
	我会向我的朋友推荐这项服务。	CS3	Kohli (2004)
	移动内容服务满足了我的期望。	CS4	
	总的来说，我获得的移动信息是我感兴趣的。	CS5	Bhattacherje (2001)
	总的来说，我获得的移动信息是令人满意的。	CS6	

4.1.5 信息质量的测量

信息质量是对移动内容服务商所提供产品的衡量，是其所提供信息在内容的有效性、准确性、及时性等方面的品质。信息质量的量表主要是测量移动内容提供商所提供信息的质量与消费者需求之间的适配程度（谢荷锋，2007）。DeLone和McLean（2003）的研究提出了从以下五个方面测量信息品质：完整性（Completeness）、易于理解（Ease of Understanding）、个性化（Personalization）、相关性（Relevance）与安全型（Security）。Rai、Lang 和 Welker（2002）的研究提出了从内容（Content）、正确性（Accuracy）及格式（Format）三个维度来测量信息质量，其测量条款七个，Cronbach'α = 0.86（Rai A. et al，2002）。Venkatesh 和 Davis（2000）在技术接受扩展模型研究中，从以下两个方面测量输出信息的质量：（1）我从系统中所获得的信息质量是高的；（2）我对于系统的输出信息质量无任何问题，Cronbach'α = 0.88（Venkatesh V. & Davis F. D.，2000）。基于以上分析，本研究在充分借鉴上述学者相关研究基础上，采取如表 4 – 5 所示量表测量信息质量。

表 4 – 5 消费者满意的测量

测量变量	测量项目描述	项目编号	参考文献
信息质量（IQ）	目前，移动内容服务提供的信息内容与我的需求相关。	IQ1	DeLone & McLean（2003）；McKinney（2002）
	目前，移动内容服务提供的信息内容是丰富的。	IQ2	
	目前，移动内容服务提供的信息准确、及时。	IQ3	
	目前，移动内容服务提供的信息容易理解。	IQ4	
	目前，移动内容服务提供的信息简短、扼要，不会遗漏重要内容。	IQ5	
	目前，移动内容服务提供的信息格式便于浏览、查找。	IQ6	

4.1.6 感知声誉的测量

对感知声誉的测量，本研究主要借鉴 Lua 和 Lee（1999）以及 Doney 和 Cannon（1997）的研究。

Lua 和 Lee（1999）对品牌声誉的测量采用六个测量项目，信度系数为 0.87（Lua G. T. & Lee S. H.，1999）。McKnight 等人（2002）对站点声誉的测量，测量项目为五个，信度系数 α 达到 0.86。借鉴这些研究，并结合移动内容服务的特点，建立感知声誉量表，如表 4 – 6 所示。

表 4-6 感知声誉的测量

测量变量	测量项目描述	项目编号	参考文献
感知声誉（PR）	移动内容服务商在为客户提供产品和服务方面有不错的口碑。	PR1	Doney 和 Cannon（1997）；Lua 和 Lee（1999）
	我认为移动内容服务商有较好的品牌和知名度。	PR2	
	移动内容服务商在为客户提供产品和服务方面的市场声誉不错。	PR3	
	移动运营商在提供增值服务方面有良好的历史声誉。	PR4	
	移动内容服务的市场反应不错。	PR5	
	我对目前市场提供的移动内容服务比较了解。	PR6	

4.1.7 感知成本的测量

感知费用水平与一般消费者研究中所指的价格以及金钱成本在内涵上是一致的。对于货币价格、金钱成本的测量，已有的研究既有单个题项的测量方式，也有多个题项的测量方式（Hung S. Y.，2003）。本研究将采用三个以上的题项测量该变量。因此本研究将借鉴 Sweeney 和 Soutar（2001）以及 Petrick（2002）对产品/服务价格的测量以及其他研究中对财务成本的测量。这些量表的信度值均达到了 0.8 以上。感知成本的测量如表 4-7 所示。

表 4-7 感知成本的测量

测量变量	测量项目描述	项目编号	参考文献
感知成本（PF）	价格是我使用移动内容服务要考虑的主要因素之一。	PF1	Sweeney 和 Soutar（2001）；Petrick（2002）
	使用移动内容服务的费用会增加我的财务负担。	PF2	
	价格是我采纳移动内容服务的主要障碍之一。	PF3	
	如果价格合理，我会使用移动内容服务的。	PF4	

4.1.8 信任相关变量的测量

在实证研究中，对信任通常有两种概念化和测量的方式，少量的研究把信任作为一个一维的概念，测量对被信任方总的或者说一般化的信任；大量的研究则把信任处理成一个多维度的概念，诚实（Integrity）、能力（Competence）和善意（Benevolence）是测量的最多的关于信任的三个维度。而且学者们对信任概念的测量大多统一到第一类信任定义的框架下。

其中：（1）能力维度的信任是指消费者对于供应商满足自己需求的能力和技能的信心，反映了消费者对供应商的产品和服务能否满足自己的需求的感知和态度。通常，消费者选择总是会希望获得更大的顾客价值并减少顾客成本，从而获得较大的顾客让渡价值。这就需要供应商有能力较之于竞争者向消费者提供更加丰富实用的信息、产品与服务选择，使消费者能够获得足够的信息和购买决策帮助，为消费者提供足够方便和安全的交易与付款通道，保证良好的售后服务等。从消费者的角度来说，只有感觉到供应商具备上述能力时，他才会对该在线供应商产生信任感，才会对从该在线供应商处得到较大的顾客让渡价值产生信心。（2）诚实维度的信任指的是消费者对于在线供应商发布真实信息、信守承诺、遵守合同的信心。诚实、守信既是社会道德的准则，也是经济伦理的主要原则，更是商业伦理的基本原则。诚信的要求就是诚实无欺、守信用，是规范商业交往关系的基本法则。商业领域信用准则的确立会对市场经济的信用理念的确立起到关键的作用。对供应商而言，信用不仅是商业伦理的基本要求，而且是企业能够立足市场的根本。诚实守信可以说是营销者的生命，不讲信用就会失去市场、失去效益，诚信是取得消费者信任的立足之本。对移动内容服务来说，消费者通常不能像在传统购物模式下那样事先对信息产品与服务进行充分的检查，通常也无法采取传统购物方式下“一手交钱一手交货”的即时交易。大多数情况下，消费者付款后总要经过一段时间，才能体验出内容供应商履行交易契约的质量，而要对内容供应商履行承诺进行有效监督的成本通常是巨大的，移动内容供应商的诚信水平对于消费者来说就显得十分重要。为了避免受欺骗，消费者通常只会与那些他觉得诚实可靠的移动内容供应商交往和发生交易，尤其是消费者需要对移动内容服务商在信息发布、沟通交流和交易保障方面的诚实程度具有足够的信心。（3）善意维度的信任指的是消费者对于移动内容供应商在追求自身利益的同时，也会关注消费者利益的信心。关心消费者利益是现代市场营销观念的一个基本要求，它要求企业在追逐自身利益的同时也要从消费者的角度出发，在合适的时间、合适的地点，以合适的价格向消费者提供合适的产品和服务，最大限度地满足消费者的需求，为消费者创造最大的让渡价值。其实，在竞争激烈的买方市场上，无论是对产品和服务，还是对供应商，消费者往往具有众多的选择来满足自己的需求，所以，消费者有条件根据自己的感知，选择那些有善意表现的供应商与之交往和交易。因此，可以说，关心消费者的利益也就是从根本上关心自己的利益。在商业交易关系中，利益是交易各方都十分重视的内容，当消费者与移动内容供应商交往互动的过程中感觉到自己的利益同样被重视，移动内容供应商提供的产品和服务以及交易安排照顾了自己的正当利益，必然会对移动内容供应商产生信心和积极的态度。

根据对于信任概念的界定并参考相关研究，制定信任相关变量的测量量表如表4－8所示。

表4－8　信任相关变量的测量

测量变量	测量项目描述	项目编号	参考文献
能力（AB）	移动内容服务商有先进的技术满足客户对信息的需求。	AB1	McKinney（2002）；Mayer（1999）；Jarvenpaa（1998）
	移动内容服务商有专业的人才满足客户对信息的需求。	AB2	
	移动内容服务商有能力理解客户的信息需求。	AB3	
	移动内容服务商有能力满足客户的信息需求。	AB4	
	移动内容服务商有足够的资金实力发展移动内容服务。	AB5	

（续表）

测量变量	测量项目描述	项目编号	参考文献
善意（BE）	移动内容服务商会考虑客户的利益。	BE1	McKinney（2002）；Mayer（1999）；Jarvenpaa（1998）
	移动内容服务商想了解客户的需求和爱好。	BE2	
	如果客户需要帮助，移动内容服务商会尽力帮助。	BE3	
	移动内容服务商总是希望为客户提供更好的服务。	BE4	
	移动内容服务商希望最大限度满足客户的需求，而不仅仅是盈利。	BE5	
	总的来说，移动内容服务商对客户是充满善意的。	BE6	
诚实（HO）	移动内容服务商会信守客户服务的承诺。	HO1	
	移动内容服务商不会违法使用客户的隐私信息。	HO2	
	移动内容服务商对内容产品的宣传时客观、真实的。	HO3	
	移动内容服务商不会欺骗消费者。	HO4	
	总的来说，移动内容服务商是诚实、可信的。	HO5	
信任的态度（TA）	我相信移动内容服务会实现商家承诺的预期效果。	TA1	
	我相信移动内容服务提供商会不断提高信息产品和服务的质量。	TA2	
	移动内容服务商的技术能力值得信任。	TA3	
	我相信移动内容服务商对客户是有诚信的。	TA4	
	我相信我能从移动内容服务商那里得到我需要的服务。	TA5	

4.1.9　个人信任倾向、经验及使用程度的测量

根据第三章对个人信任倾向、经验和使用程度概念的定义，参

考相关研究文献，制定出如表4－9所示的变量的测量量表。

表4－9 个人信任倾向、经验及使用程度的测量

测量变量	测量项目描述	项目编号	参考文献
个人信任倾向（TI）	总的来说，大部分人会为他人考虑。	TI1	McKinney（2002）
	大部分时间，人们是在帮助他人，而不是寻求别人的帮助。	TI2	
	一般来说，大部分人会信守他们的承诺。	TI3	
	我认为人们都会努力用行动去支持他们的语言。	TI4	
	大部分人在与别人做交易时是诚实的。	TI5	
	我相信大部分专业人士在他们的专业领域是称职的。	TI6	
以前的经验（PE）	过去的经验告诉我，我能够获得好的移动内容服务。	PE1	Pavlou 和 Gefen（2004）；Gefen（2003）
	我过去从移动运营商获得的增值服务是令人满意的。	PE2	
	移动运营商在为顾客提供优质服务方面的工作是值得肯定的。	PE3	
	我过去与移动运营商打交道的过程是愉快的。	PE4	
	基于我过去的相关经验，我对获得满意的移动内容服务较乐观。	PE5	
使用的程度（EU）	我经常使用移动内容服务。	EU1	Szajna（1996）
	我长期使用移动内容服务。	EU2	
	移动内容服务是我获得信息的渠道之一。	EU3	
	我对移动内容服务很熟悉。	EU4	

4.2 调查方法

本文中，消费者采纳的研究主要采用实证研究的方法。在相关领域的期刊上，尤其是行为学派为主流的国际期刊上，实证研究占据了相当大的比重。其主要思路是通过调研问卷，在目标领域收集经验数据，对现象进行概括（Pinsonneault A. & Kraemer K. L.，1993）。

4.2.1　问卷设计

为了保证问卷的质量，我们查阅了大量的相关研究文献，进行了深入的文献研究，借鉴了现有研究的成果，从英文文献中找到了前人在相关实证研究中用于相应变量测量并被证明具有较高信度和效度的量表。我们通过如下三个步骤完成了本次研究的问卷设计。

首先，问项的形成。由于目前国内移动电子商务领域的调研研究还不够丰富，难以找到现成的中文测量量表，本研究引用了来自英语语言背景下高水平研究成果使用的测量量表。在英文量表转换成中文量表的过程中特别注意了如下几个问题：(1) 翻译的准确性问题，指字面意义的适当转换；(2) 文化背景差异对概念的理解差异问题，应根据中国人思维习惯和对概念的理解方式设计问卷；(3) 确保问卷在中文语言背景下的通俗易懂性，要避免使用问卷回答者不熟悉的概念，尽量用问卷回答者容易理解的词语、概念。对来自于英文文献的量表，在本人翻译的基础上，还专门请英语水平较好的学者帮助检查，确保正确性，最终确定了这些量表的中文问项。

其次，问卷初稿的形成。根据移动内容服务的特点，我们对问项目进行有针对性的修改，使之适合于研究的目标和对象，从而形成了中文问卷初稿。研究采用了 7 点式 Likert 量表的形式来设计问卷，要求答题者根据自己使用移动内容服务的实际情况来回答，依次选择非常不同意、不同意、有点不同意、中立、有点同意、同意、非常同意 7 项，依次给予 1 ~7 分。这种量表方式的选择是考虑到本研究模型比较复杂，调研的规模又不可能太大，为了保证在统计检验上有比较好的区别力，所以选用了点数比较多的 7 点式量表。Likert 量表测量方法重视其内在一致性程度，这是量表题项两两之间关系强度的函数，也是题项和潜在变量之间的关系指针，函数值的大小与题项数的多少有密切关系，题项数越多，越有可能涵盖所要测量的潜在变量，但同时也会造成问卷过长，受试者不愿意作答等问题。所以本文在综合考虑了上述问题的情况下，在保证对每一个潜在变量进行可靠有效的测度的前提下，尽量缩短问卷的长度，并最终将问卷控制在100题以内（包括人口学题项）。

最后，问卷的修改与优化。对问卷初稿，我们一方面请有关具有相关研究经验的研究者进行审核，另一方面，我们请未来的调查对象阅读了问卷，进行小范围的测试，并且删除和调整了一些大家共同有疑义的题项，并精炼每个题项的提问方式，尽量做到言简意赅，便于受试者理解问题的准确含义。在收集了上述各方意见之后，我们对问卷进行了最终的修改，形成了最终用于问卷调研的正式问卷。

4.2.2 分析单元的选择

本次调研主要在北京经济管理干部学院的脱产学生、成人业余学生、受训的各地领导干部和教师中进行。北京经济管理干部学院地处北京，是面向北京地区招生的高职性大学。很多人质疑以在校学生为被调研者的研究局限性。实际上，选择学生这一特定群体作为被调研对象，是由被调研对象的有效性和调研的可行性共同决定的。首先，本次研究的调查对象不仅包括脱产的在校青年学生，包括在校业余学习的成年人，他们在年龄、性别、职业以及收入上具有普遍的覆盖性；其次，从已经完成的相关实证研究来看，很多研究［见文献 Gefen D.，2002；McKnight D. H. et al，2002］都使用了在校学生作为被调研者，并没有发现因为调研对象的选取而严重地影响研究的有效性。

4.2.3 问卷收集

调研采用当堂发放问卷并进行重点解释，学生根据自己的感受和体验来回答问卷的方式。为了保障问卷调查的可靠性，首先在问卷调查前声明了本次问卷调查为自由选择的调查方式，受调查者可以自主选择是否参加问卷调查，这样可以保证填写问卷的人是自愿并且认真地来填写问卷。同时声明本次调查的所有数据仅作为学术研究使用，受调查者的隐私将得到保护。另外，为了激励受调研的学生认真填写问卷，在相关课程授课老师的配合和支持下对于本次调研问卷的填写计入一定比例的平时成绩，取得了良好的效果。问卷调研期间先后共发放调研问卷418份，最终收回问卷406份，回收率为97.1%。至于样本量的要求，Bagozzi和Yi（1998）认为，使用线性结构方程进行分析时，样本数量至少超过50个（Bagozzi R. P. & Yi Y.，1998）。Gerbing和Anderson（1988）建议在应用结构方程的样本数量至少为150个（Anderson J. C. & Gerbing D. W.，1988）。Hair等人（1998）认为最大似然估计法进行参数估计时，样本数量起码要大于100，但是样本也不能太大，如果太大，如超过了400，则最大似然估计法将会变得非常的敏感，从而使所有的适合度指标变得很差（Hair J. F. J. et al，1998）。

问卷回收之后进行了数据的录入和检查工作。首先对回收的问卷利用EXCEL进行了数据录入工作，由于题项比较多，数据复杂，为了保证录入数据的正确性，数据录入由主持人完成，保证数据录入过程的可靠性。

4.3 分析方法与研究程序

4.3.1 分析方法

在创新采纳研究的时间维度方面，初始采纳和后采纳是主要的研究领域。Chechen等人研究了创新技术采纳行为的生命周期，结合TAM模型和ECM模型的主要变量提出了适合于初始消费者、短期和长期消费者采纳分析的模型（Chechen et al，2009）。Hsu等人调查了移动电子商务中的207位彩信用户，根据创新扩散理论对创新者、早期采纳者、晚期采纳者以及落后者进行了比较研究，从而发现消费者采纳移动彩信服务过程中的影响因素变化（Hsu C.，2007）。Khawaja实证分析了创新技术特征和有用性对于后采纳的作用（Khawaja A. &Sue A.，2008）。Byoungsoo分析了韩国消费者采纳和持续采纳移动数据服务的倾向，探索了直接经验在消费者采纳过程中的调节作用（Byoungsoo Kim & Jungsuk Oh.，2011）。Jeremy采用访谈的方法分析了年轻人从开始采纳移动短信服务到最终放弃该项服务的过程和原因（Jeremy B.，2010）。

本文消费者采纳部分的研究主要是验证两个理论模型的正确性。第一个理论模型（见图3-1）是为了分析移动内容服务消费者采纳的影响因素，以及它们的变化情况。Oliver将消费者忠实定义为"高度承诺在未来一贯地重复购买偏好的产品或服务，并因此产生对同一系列产品或服务的重复购买行为，而且不会因为市场态势的变化和竞争性产品营销努力的吸引而产生转移行为"（Oliver R L.，1999）。根据Oliver对消费者忠实的定义可以看出，对产品或服务的重复购买行为是忠实消费者的本质特征，因此本研究根据消费者使用移动内容服务的情况，把长期使用移动内容服务的消费者作为忠实消费者，而把短期使用或没有使用过移动内容服务的消费者作为潜在的消费者。忠实消费者由潜在消费者转化而成，潜在消费者具有转变为忠实消费者的可能性。研究将把问卷区分为潜在消费者的样本和忠实消费者的样本，并分别用这两类数据验证移动内容服务采纳因素的理论模型，对比潜在消费者和忠实消费者采纳影响因素的变化，从而实现理论模型的静态比较。

采纳研究部分的第二个理论模型（见图3-2）是为了分析消费者在使用移动内容服务的过程中信任因素的变化。在Fatemeh和Jae-ki对于健康信息中介服务的研究中，为了分析消费者对网上健康信息中介信任的变化，他们选取一部分消费者，测量他们的信任状态，经过一段时间的使用，再次测量消费者的信任状态，并把两次测量结果综合到一个模型中以便验证信任的变化。本研究也将采用这种分析思路，在同一总体中，利用潜在消费者的样本代表消费者采纳移动内容服务初期的信任状态，而利用忠实消费者的样本代表消费者采纳移动内容服务后期的信任状态，通过结构化方程模型验证信任变化的影响因素。

4.3.2 研究程序

经过调研，所有问卷回收后，剔出不合格的问卷，对于最终得到的有效问卷首先进行数据的录入和复核，随后利用SPSS13和LIS-

REL8.51对数据资料进行了统计分析。统计分析分为了三个步骤：首先是对被调查者基本信息的描述性统计，着重人口统计学信息方面的描述，以考察本次调研对象选取的有效性。其次，利用SPSS中信度分析（Reliability Analysis）的方法来检验该量表的可靠性和稳定性，决定题项是否保留，再用探索性因子分析的主成分分析（Principle Components Analysis，PCA）方法来评价量表的结构有效度（Construct validity）。最后，利用LISREL的验证性因子分析来进行验证性分析，对整个模型进行全模型的潜在变量关系分析，并对整个模型的适配程度进行判定，检验理论模型的正确性。

研究采用结构方程模型实现验证性因子分析，主要考虑到：(1）可以在允许测量误差的情况下，对观测变量和潜变量、潜变量与潜变量之间的关系进行分析；（2）可以从观测数据出发，用观测数据拟合理论模型，并对调查数据与理论模型的拟合程度进行衡量，以检验数据与模型的拟合程度，这样就可以对已有的理论构想进行验证，而探索性因子分析对检验理论构想比较困难；（3）可以自由地确定潜变量之间的关系，而探索性因子分析则假设因子要么相关，要么不相关，缺乏灵活性；（4）可以指定误差之间的相关，而探索性因子分析则假设特定误差之间均不相关，比较片面。由于验证性因子分析所具有的这些特点，所以本研究中采用验证性因子分析对问卷进行分析，检验模型的有效性。

4.4 本章小结

本章主要对研究方案进行设计。首先根据相关研究文献，设计了模型中每一个变量的测量方法，在此基础之上形成了初始的测量量表。然后，根据相关专家反馈和消费者座谈的建议，形成了调查问卷，根据小规模试调查的结果，经过修改形成了最终的调查问卷。最后，确定调查的对象，制定了问卷的收集和数据处理的主要方案。

第五章　实证数据分析及结论

本章对前文所构建的理论模型及其假设进行经验检验，并为结论的推导提供经验数据支持。首先对正式调研的抽样数据进行质量评估；再逐个分析各变量测量的信度与效度；最后，运用样本数据对前文所构建的理论模型及其假设进行结构方程模型分析和检验。

5.1　描述性统计

本研究最终获得406份问卷，排除不合格的问卷59份，共得到有效问卷347份，有效率为85.5%。对收集到的有效样本数据，研究中使用了SPSS13版，Lisrel8.5版软件进行数据分析。

样本分布状况主要通过性别、年龄、教育水平等基本指标来进行描述。

5.1.1　性别

在总计347份有效问卷中，从被调查对象的性别分布来看，男性被调查者为161人，女性被调查者为186人。如果按照潜在消费者和忠实消费者对调查样本进行划分，则潜在消费者中男性被调查者72人，占潜在消费者样本总量的44.7%；女性消费者89人，占潜在消费者样本总量的55.3%。对于忠实消费者，男性消费者89人，占忠实消费者样本总量的47.9%；女性消费者97人，占忠实消费者样本总量的52.1%。考虑到北京经济管理干部学院的性别比例，总体来看，调查对象的性别比例大致是合理的。调查样本的性别分布情况见表5－1所示。

表 5－1 调查样本的性别分布状况

消费者类型	潜在消费者		忠实消费者	
性别	频数	比例	频数	比例
男	72	44.7%	89	47.9%
女	89	55.3%	97	52.1%
合计	161	100%	186	100%

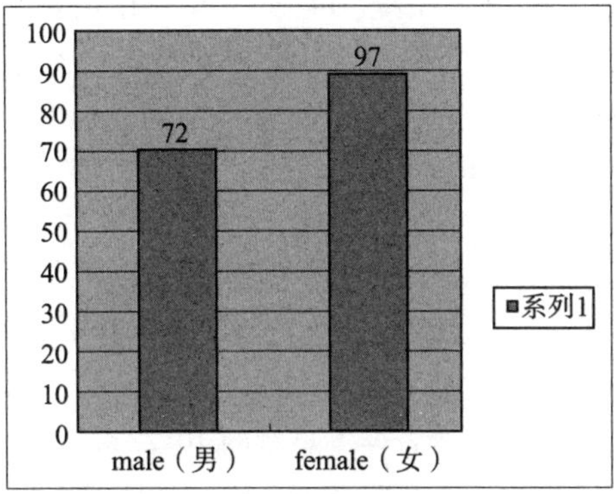

图 5－1 潜在消费者性别分布状况

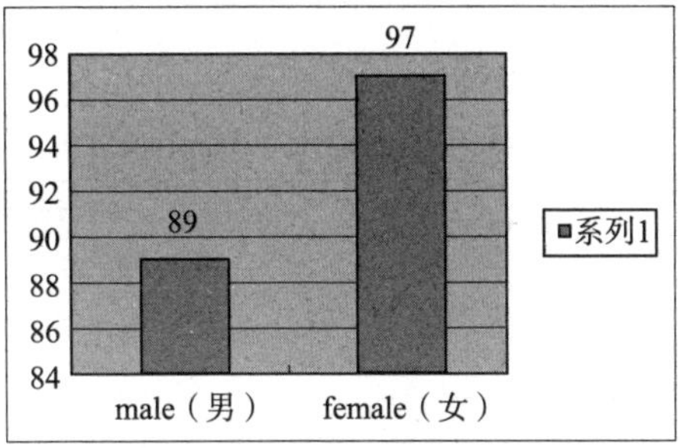

图 5－2 忠实消费者性别分布状况

5.1.2 年龄

本次调查中，被调查对象的年龄被划分为 9 个阶段。之所以如此细致划分，是考虑到调查对象多为在校脱产和业余的学生，年龄跨度大，如果不做细致的年龄段划分，可能会造成年龄的描述性统计没有区分度。

从调查样本的年龄分布状况来看，对于潜在消费者而言，18~23岁年龄段受调查者66人，占潜在消费者样本总量的44.9%，所占比重最大；其次为24~29岁年龄段消费者，有27人，占潜在消费者样本总量的16.77%；30~34岁年龄段20人，占潜在消费者样本总量的12.42%；35~39岁年龄段17人，占潜在消费者样本总量的10.56%；40~44岁年龄段14人，占潜在消费者样本总量的8.7%；45~49岁年龄段8人，占潜在消费者样本总量的4.97%；50~59岁年龄段4人，占潜在消费者样本总量的2.48%；大于60岁的潜在消费者最少，只有1人，占潜在消费者样本总量的0.62%。

对于忠实消费者而言，18~23岁年龄段受调查者101人，占忠实消费者样本总量的54.3%，所占比重最大；其次为24~29岁年龄段消费者，有29人，占忠实消费者样本总量的15.59%；30~34岁年龄段19人，占忠实消费者样本总量的10.22%；35~39岁年龄段17人，占忠实消费者样本总量的9.14%；40~44岁年龄段11人，占忠实消费者样本总量的5.91%；45~49岁年龄段的忠实消费者最少，只有4人，占忠实消费者样本总量的2.15%。调查样本的年龄分布情况见表5-2所示。

表5-2 调查样本的年龄分布状况

消费者类型	潜在消费者		忠实消费者	
年龄	频数	比例	频数	比例
<18	4	2.48%	5	2.69%
18~23	66	40.99%	101	54.30%
24~29	27	16.77%	29	15.59%
30~34	20	12.42%	19	10.22%
35~39	17	10.56%	17	9.14%
40~44	14	8.70%	11	5.91%

（续表）

消费者类型	潜在消费者		忠实消费者	
年龄	频数	比例	频数	比例
45～49	8	4.97%	4	2.15%
50～59	4	2.48%	0	0.00%
>=60	1	0.62%	0	0.00%
合计	161	100%	186	100%

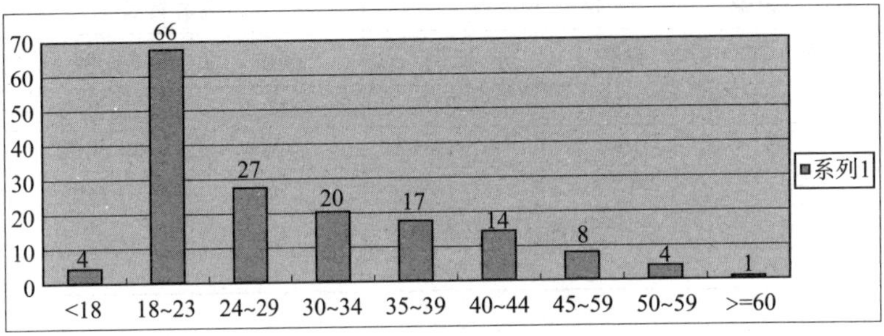

图5－3 潜在消费者年龄分布状况

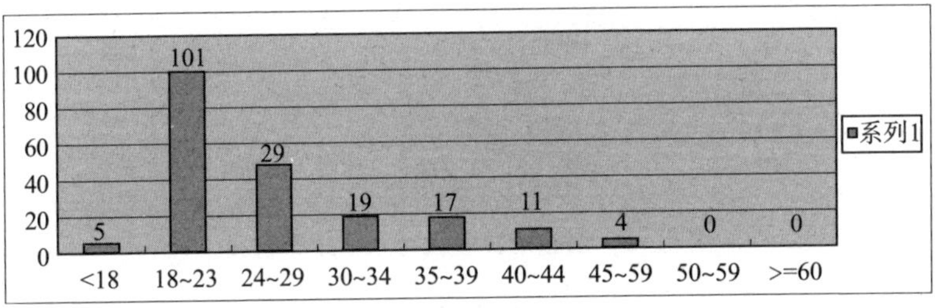

图5－4 忠实消费者年龄分布状况

5.1.3 教育情况

在具体的调查设计中，将学历划分为大学以下、大学、硕士、博士四种类型。从调查样本的教育水平分布状况看来，对于潜在消费者的样本而言，大学文化的消费者最多，有100人，占潜在消费者样本总量的62.11%；大学以下文化的消费者40人，占潜在消费者样本总量的24.84%；硕士文化的消费者18人，占潜在消费者样本总量的11.18%；博士文化的消费者3人，占潜在消费者样本总量的1.86%。对于忠实消费者的样本来说，大学文化的消费者最多，有128人，占忠实消费者样本总量的68.82%；大学以下文化的消费者42人，占忠实消费者样本总量的22.58%；硕士文化的消费者16人，占忠实消费者样本总量的8.6%。调查样本的教育水平分布情况见表5-3所示。

表5-3 调查样本的教育水平分布状况

消费者类型	潜在消费者		忠实消费者	
教育水平	频数	比例	频数	比例
大学以下	40	24.84%	42	22.58%
大学	100	62.11%	128	68.82%
硕士	18	11.18%	16	8.60%
博士	3	1.86%	0	0
合计	161	100%	186	100%

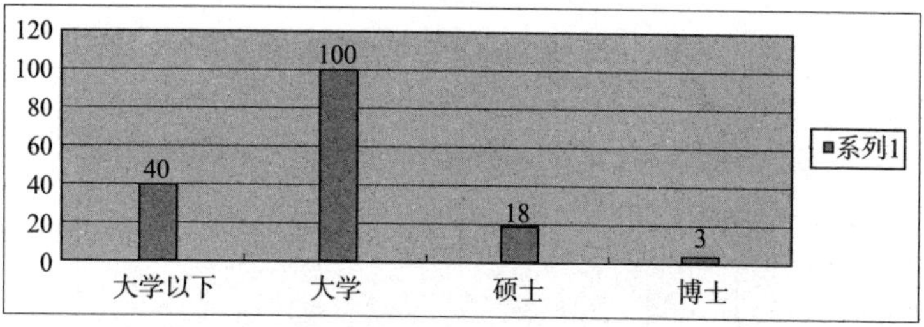

图5-5 潜在消费者教育水平分布状况

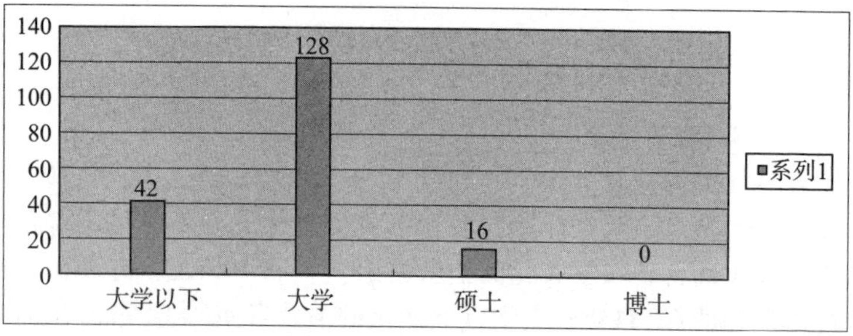

图5-6 忠实消费者教育水平分布状况

从以上统计分析的情况来看，本次抽样的方法和样本特性不会带来较大的外部有效性问题。

5.2 信度与效度分析

由于问卷涉及较为抽象的“立场”、“感知”等测量，必须考虑所测得的数据是否准确、可靠，即测量的信度和效度问题。在采用样本数据进行实证研究前，需要对采集的样本数据，进行必要的质量评估。依据 Straub（1989）关于实证研究中数据质量评估的要求，需要对样本数据的效度和信度进行评估，其中效度主要是对测量量表的结构效度，包括收敛效度和区分效度进行评价（Straub D. W. & Carlson C. L.，1989）。

5.2.1 信度分析

信度是指测度结果的稳定性和一致性程度（李怀祖，2004）。信度指标多以相关系数表示，大致可分为三类：稳定系数（跨时间的一致性），等值系数（跨形式的一致性）和内在一致性系数（跨项目的一致性）。信度分析的方法主要有以下四种：重测信度法、复本信度法、折半信度法和 Cronbach α 系数法。Cronbach α 系数是目前最常用的信度系数，因此本研究中采用这一系数测定各因子的信度。它的计算公式见式（5.1）。

$$\alpha = \frac{k}{k-1}\left(1 - \frac{\sum_{i=1}^{k} S_i^2}{S^2}\right) \tag{5.1}$$

其中 k 为测验的题目总数，S_i 为第 i 题得分数的方差（变异量），S_k 为测验问卷总分的方差（变异量）。α 系数的值介于 0 和 1 之间，数值越大，可信度越高，即用量表测试某一等级所得分数的变异中，由真分数决定的变异越高。但 a 系数取值为 1 的概率很小，因为随机误差始终存在。在社会科学的统计研究中，Cronbach α 最低限值的规定并不统一，一般是取 0.8 或 0.7（取 0.8 的较多），甚至有取 0.6 的先例，alpha 值越高越好。Nunnally（1975）认为 Cronbach α 系数大于 0.7 表示信度很高。本研究把 Cronbach α 系数的阈值设定为0.7。

本文的消费者采纳移动内容服务的研究比较两类用户对于相同理论模型的不同，两类数据均将使用相同的潜变量和相同的测度项目，在对数据进行信度分析的过程中，根据SPSS13的分析建议，删除了一些影响Cronbach α系数值提高的测度项目，以便潜变量测量的信度值达到本研究预设的阈值。因此，信度分析表中的测度项目和原始量表中的并不一致，为了保证研究的可追踪性，并没有改变原始的项目编号。

用SPSS13得到的各潜变量的Cronbach α系数、均值、标准方差和各个测度项目的均值和标准方差如表5－4、表5－5和表5－6所示。

由表5－4可以看出，项目信度处于0.794～0.963范围内波动，最低信度尽管为0.794（PF），但是其也达到了0.7的阈值，其他所有测得的变量的Alpha系数均大于0.7的标准，因此测量项对于测量母体具有较高的一致性。总的来看，各测量项的信度良好。

由表5－5可以看出，项目信度处于0.796～0.865范围内波动，最低信度为0.796（信任信念），但是其也达到了0.7的阈值，其他所有测得的变量的Alpha系数均大于0.8的标准。因此，忠实消费者各测量项的信度良好。

为了确认信任信念的三个因子都反映了同一个概念，研究首先在设定特征值为1的情况下，用主成分分析法对信任信念量表进行探索性因子分析。结果显示，无论潜在消费者样本数据还是忠实消费者的样本数据，13个信任信念的问项聚成一个因子，显示它们共同反映信任信念的概念，累计载荷量均超过60%，保证了因子对数据的解释。

同时，研究解除特征值为1的限制，并设定因子数为3，进一步研究在信任信念量表中是否包含了能力、诚实和善意三个维度的因子。统计分析结果也清晰地显示可以提取出三个因子，且三个因子累计解释载荷量也超过了80%。就信任演化研究中，探索性因子分析看，信任信念量表的三因子结构得到初步验证。

表 5-4 潜在消费者样本数据信度分析

潜变量	测度项目	均值	标准方差	均值	标准方差	Cronbach's Alpha
信任信念	AB1	3.55	1.255	3.393	1.744	0.909
	BE1	3.14	1.298			
	BE6	3.37	1.396			
	HO1	3.53	1.356			
	HO3	3.37	1.293			
信任态度	TA1	3.69	1.241	3.691	1.777	0.963
	TA2	3.79	1.380			
	TA4	3.67	1.341			
	TA5	3.61	1.365			
感知有用性	PU1	5.35	1.169	5.235	1.502	0.850
	PU2	5.33	1.355			
	PU3	5.00	1.294			
	PU4	5.30	1.089			
	PU5	4.99	1.355			
	PU6	5.44	1.054			
采纳态度	AI1	4.01	1.512	4.003	1.534	0.832
	AI4	4.37	1.409			
	AI5	3.80	1.475			
	AI6	3.84	1.423			
感知易用性	PE1	5.66	1.220	5.581	1.450	0.878
	PE2	5.45	1.151			
	PE3	5.43	1.307			
	PE4	5.75	1.158			
	PE5	5.63	1.177			
感知信息质量	IQ1	3.49	1.374	3.621	2.056	0.907
	IQ2	3.62	1.410			
	IQ3	3.57	1.440			
	IQ5	3.66	1.457			
	IQ6	3.76	1.485			

（续表）

潜变量	测度项目	均值	标准方差	均值	标准方差	Cronbach's Alpha
感知声誉	PR1	3.56	1.198	3.620	1.529	0.925
	PR2	3.73	1.275			
	PR4	3.57	1.229			
	PR5	3.63	1.244			
以前的经验	EP1	3.61	1.162	3.641	1.428	0.941
	EP2	3.57	1.160			
	EP3	3.66	1.157			
	EP5	3.72	1.295			
个人信任倾向	TI1	3.58	1.228	3.585	1.649	0.904
	TI2	3.58	1.154			
	TI4	3.69	1.379			
	TI6	3.49	1.361			
感知价格	PF1	5.65	1.252	5.443	1.536	0.794
	PF2	5.35	1.201			
	PF3	5.33	1.264			

表5-5　忠实消费者样本数据信度分析

潜变量	测度项目	均值	标准方差	均值	标准方差	Cronbach's Alpha
信任信念	AB1	5.34	1.028	5.140	1.264	0.796
	BE1	4.70	1.308			
	BE6	5.26	1.064			
	HO1	5.20	1.095			
	HO3	5.20	1.104			
信任态度	TA1	5.29	1.025	5.505	0.882	0.859
	TA2	5.67	.809			
	TA4	5.48	1.009			
	TA5	5.58	.898			

（续表）

潜变量	测度项目	均值	标准方差	均值	标准方差	Cronbach's Alpha
感知有用性	PU1	5.91	.985	5.709	1.194	0.802
	PU2	5.59	1.321			
	PU3	5.65	1.040			
	PU4	5.68	1.019			
	PU5	5.49	1.279			
	PU6	5.93	.832			
采纳态度	AI1	6.11	.798	5.991	0.567	0.806
	AI4	5.94	.779			
	AI5	5.93	.750			
	AI6	5.98	.678			
感知易用性	PE1	6.24	.771	6.100	0.845	0.857
	PE2	5.88	1.099			
	PE3	5.97	1.057			
	PE4	6.23	.807			
	PE5	6.18	.809			
感知信息质量	IQ1	4.95	1.184	5.217	1.280	0.813
	IQ2	5.42	1.006			
	IQ3	5.15	1.202			
	IQ5	5.12	1.222			
	IQ6	5.45	1.024			
感知声誉	PR1	5.21	1.016	5.239	1.087	0.800
	PR2	5.41	1.058			
	PR4	5.30	.955			
	PR5	5.04	1.133			
以前的经验	EP1	5.42	.945	5.380	0.915	0.817
	EP2	5.18	1.075			
	EP3	5.50	.820			
	EP5	5.42	.968			

（续表）

潜变量	测度项目	均值	标准方差	均值	标准方差	Cronbach's Alpha
个人信任倾向	TI1	5.01	1.073	5.163	1.182	0.865
	TI2	4.96	1.166			
	TI4	5.34	1.019			
	TI6	5.34	1.085			
感知价格	PF1	5.77	1.121	5.414	1.828	0.803
	PF2	5.06	1.516			
	PF3	5.40	1.389			

表5-6　消费者信任样本数据信度分析

潜变量	测度项目	均值	标准方差	均值	标准方差	Cronbach's Alpha
能力（T2）	AB1（T2）	5.28	1.050	5.345	1.010	0.840
	AB3（T2）	5.17	1.044			
	AB4（T2）	5.29	.984			
	AB5（T2）	5.65	.938			
善意（T2）	BE1（T2）	4.61	1.337	4.949	1.498	0.849
	BE2（T2）	5.20	1.172			
	BE3（T2）	5.12	1.166			
	BE5（T2）	4.63	1.350			
	BE6（T2）	5.18	1.072			
诚实（T2）	HO1（T2）	5.14	1.137	5.005	1.516	0.840
	HO2（T2）	5.01	1.311			
	HO3（T2）	5.10	1.119			
	HO4（T2）	4.78	1.342			
消费者满意（T2）	CS1（T2）	5.45	.928	5.213	1.144	0.846
	CS2（T2）	5.30	1.042			
	CS4（T2）	4.92	1.162			
	CS5（T2）	5.19	1.130			

（续表）

潜变量	测度项目	均值	标准方差	均值	标准方差	Cronbach's Alpha
能力（T1）	AB1（T1）	3.55	1.255	3.661	1.820	0.925
	AB3（T1）	3.65	1.301			
	AB4（T1）	3.59	1.301			
	AB5（T1）	3.86	1.523			
善意（T1）	BE1（T1）	3.14	1.298	3.296	1.940	0.933
	BE2（T1）	3.50	1.488			
	BE3（T1）	3.38	1.423			
	BE5（T1）	3.09	1.353			
	BE6（T1）	3.37	1.396			
诚实（T1）	HO1（T1）	3.53	1.356	3.359	1.787	0.937
	HO2（T1）	3.33	1.368			
	HO3（T1）	3.37	1.293			
	HO4（T1）	3.20	1.328			
信任态度（T1）	TA1（T1）	3.69	1.241	3.691	1.777	0.962
	TA2（T1）	3.79	1.380			
	TA4（T1）	3.67	1.341			
	TA5（T1）	3.61	1.365			
使用的程度（T2）	EU1（T2）	6.11	.632	5.854	0.800	0.636
	EU2（T2）	6.07	.721			
	EU3（T2）	5.83	1.038			
	EU4（T2）	5.40	1.097			

由表5-6可以看出，项目信度处于0.636~0.962范围内波动，最低信度为0.636（忠实消费者使用的程度），考虑到该项目对应的因子标准化负荷比较高，因此其信度也是可以接受的（黄芳铭，2005），其他所有测得的变量的Alpha系数均大于0.8的标准。因此，可以看出各测量项的信度良好。

5.2.2　效度分析

效度（Validity）即有效性，它是指测量工具或手段能够准确测出所需测量事物的程度。效度分为内容效度和构建效度，本研究的变量测量参照了前人的量表，因而具有相当程度的内容效度，在此重点检验量表的构建效度。构建效度是指测量结果体现出来的某种结构与测值之间的对应程度。构建效度分析采用的方法是因子分析。因子分析又分为探索性因子分析和验证性因子分析。探索性因子分析是在事先不知道影响因素的基础上，完全依据资料数据，利用统计软件以一定的原则进行因子分析，最后得出因子的过程。它试图揭示一套对比较大的变量的内在结构。本研究将根据马庆国（2002）关于探索性因子分析的要求，首先对样本数据作 KMO 和 Bartlett 球体检验，以验证样本数据是否适合作因子分析。因子分析需要满足以下两个条件：

第一个条件，巴特利特球体检验（Bartlett's Test of Sphericity）：巴特利特球体检验可用来检验题项的相关系数是否不同且相关系数是否大于0。如果数据之间相关系数偏低，因子归类时就相当困难。巴特利特球体检验“显著”表示可以进行因子分析。

第二个条件，KMO（Kaiser - Meyer - Olkin）值判定：当 KMO 值 >0.9 时，表示因子分析的结果很好；当 KMO 值 >0.8 时，表示效果良好；当 KMO 值 >0.7 时，表示效果中等；如果当 KMO 值在 0.5 以下，则表示因子分析的结果是无法接受的（马庆国，2002）。

在通过以上两项检验后，本研究将采用“主成分因子分析”法（Principal Factor Analysis），并以最大转轴法（Varimax）作为转轴方式，以变量的因子负载（Factor Loading）大于 0.5 为标准，进行因子分析。SPSS13 的计算结果如表 5 - 7、表 5 -9、表 5 - 11 所示。

表 5 -7　潜在消费者样本数据因子分析矩阵（旋转后）

	Component									
	1	2	3	4	5	6	7	8	9	10
AB1	.472	.524	-.056	.056	.421	-.165	.021	.032	-.140	-.127
BE1	.187	.558	-.118	.120	.441	-.009	.272	.021	.042	-.037
BE6	.274	.638	-.060	.044	.401	-.052	.219	-.102	-.118	-.015
HO1	.192	.660	-.039	.124	.341	-.110	.283	.105	-.021	-.239

（续表）

	Component									
	1	2	3	4	5	6	7	8	9	10
HO3	.146	.642	-.079	-.040	.346	-.227	.338	.058	-.045	-.244
TA1	.887	.182	-.054	-.078	.118	.019	-.047	.030	-.013	-.073
TA2	.904	.194	-.070	-.017	.163	-.008	.018	.017	-.002	-.034
TA4	.862	.179	-.099	-.029	.251	-.044	.010	.038	.152	-.110
TA5	.881	.198	-.034	-.003	.156	.017	.018	-.016	.079	-.046
PU1	-.006	.035	.782	.101	-.088	-.032	.092	.015	.134	-.194
PU2	-.086	-.039	.664	.149	.043	.082	.178	-.102	-.018	-.409
PU3	-.079	-.181	.667	.050	.034	.074	-.070	-.142	.486	-.084
PU4	-.062	-.086	.742	.218	-.018	.054	-.158	.080	-.031	.193
PU5	-.201	-.059	.747	.107	-.062	.082	.038	-.116	-.112	.204
PU6	.049	.134	.810	.272	.029	-.062	-.065	-.026	-.056	.034
AI1	.124	.393	-.098	.085	.071	-.065	.018	.167	-.039	.623
AI4	.000	.015	-.152	.046	.184	-.012	.071	.829	.010	.559
AI5	.073	.456	.007	.039	.073	-.021	.132	.302	-.149	.623
AI6	.173	.443	-.029	-.004	.665	-.108	.189	.230	-.201	.552
PE1	.023	-.024	.158	.747	-.031	-.033	-.115	.116	.340	-.160
PE2	-.029	-.081	.157	.821	.053	-.035	-.104	-.022	-.175	-.002
PE3	-.051	-.015	.141	.832	.086	.074	.022	-.126	-.115	-.143
PE4	-.079	.074	.218	.727	-.047	-.031	.141	.111	.439	.150
PE5	.010	.096	.193	.842	-.073	.015	.001	.038	-.046	.113
IQ1	.209	.241	-.072	.089	.325	.006	.092	-.343	.727	-.021
IQ2	.367	-.139	-.038	.091	.200	-.097	.051	-.113	.766	.131
IQ3	.278	.171	-.018	-.036	.301	-.121	.194	.090	.761	.006
IQ5	.461	-.119	.068	-.113	.151	-.161	.113	.125	.680	-.066
IQ6	.455	-.088	-.038	-.043	.065	-.167	.215	.175	.634	-.071

（续表）

	Component									
	1	2	3	4	5	6	7	8	9	10
PR1	.388	.289	.005	.012	.751	-.110	.169	.075	-.008	.091
PR2	.381	.306	-.037	-.050	.740	-.186	.040	.091	.029	.158
PR4	.548	.215	-.003	-.077	.593	-.103	.062	.140	.186	-.188
PR5	.518	.232	-.012	.049	.651	-.087	.135	.110	-.143	-.053
EP1	-.021	.260	-.044	-.060	.109	.017	.561	-.030	-.159	.018
EP2	.015	.241	.056	-.112	.184	-.043	.661	.048	.035	.177
EP3	-.036	.214	.022	-.045	.208	-.062	.597	.105	-.015	.024
EP5	.123	.308	.009	-.036	.221	-.083	.579	.124	.094	.068
TI1	.003	.102	.010	-.152	.155	-.136	.264	.672	-.095	.394
TI2	-.052	.054	-.085	-.091	.291	-.190	.258	.645	-.031	.386
TI4	.037	.033	-.067	-.051	.219	-.109	.096	.797	.151	.200
TI6	-.008	.079	-.020	-.020	.052	-.093	.190	.821	-.098	.045
PF1	-.024	-.039	.078	.065	.025	.825	.149	-.078	-.193	.011
PF2	-.126	-.140	.089	-.050	-.207	.790	-.151	-.027	.053	.017
PF3	-.128	-.140	-.063	-.017	-.106	.833	-.095	.082	.158	-.074

表 5-8　潜在消费者样本数据 KMO 和 Bartlett's 检验

Kaiser-Meyer-Olkin Measure of Sampling Adequacy.		.904
Bartlett's Test of Sphericity	Approx. Chi-Square	6711.575
	df	946
	Sig.	.000

从表 5-8 中可见 KMO 值为 0.904，表明因子分析的效果很好，巴特利特球体检验统计值的显著性在 1% 的水平上显著，说明数据相关系数不是单位矩阵，适合做因子分析。而且从表 5-7 的总体来看，（除了有下划线的数据）不同变量的测量项目，其最大负荷系

数（一般取大于0.5），归属于不同因子，而同一变量的测量项目，其最大负荷系数也归属于同一因子，分析中较少存在同一测量项目在两个或以上因子中，负荷系数大于0.5的现象，以及测量项目最大负荷系数明显低于0.5的现象。因此，从EFA的分析结果来看，可以得出结论，测量具有较为显著的区分效度。

表5-9 忠实消费者样本数据因子分析矩阵（旋转后）

	Component									
	1	2	3	4	5	6	7	8	9	10
AB1	.418	.084	.029	.342	.149	.168	.340	-.118	.243	.179
BE1	.148	.092	.137	.419	.050	.043	.655	.031	-.010	.221
BE6	.347	-.022	.166	.088	.138	.170	.594	.063	.195	-.067
HO1	.293	.020	.194	.029	.040	.197	.660	.050	.059	.054
HO3	.430	-.031	.294	-.011	-.019	-.035	.498	.214	.176	.082
TA1	.598	.071	.229	.313	-.003	.193	.269	.181	.041	.156
TA2	.759	.164	.144	.068	.107	.190	.099	.008	.061	.036
TA4	.674	.085	.210	.223	.213	.224	.239	.136	-.051	.011
TA5	.664	.051	.204	.164	.161	.301	.054	.096	.133	-.010
PU1	-.001	.090	.091	-.012	.783	.116	.101	-.073	.164	-.078
PU2	.352	.178	.189	-.091	.556	-.175	-.030	-.096	.372	.006
PU3	.044	.220	.147	.053	.530	.104	.079	.000	.117	.537
PU4	.207	.041	.088	.182	.639	.218	.065	.154	-.085	.092
PU5	.140	-.043	.114	.243	.698	.098	.038	.169	-.033	.344
PU6	.070	.189	.116	.024	.408	.337	.019	.025	.160	.557
AI1	.177	.063	.090	.121	-.034	.711	-.020	.009	.250	.022
AI4	.212	.336	.099	.041	.237	.638	.187	.055	-.078	.079
AI5	.186	.174	.033	.041	.214	.751	.108	.065	.129	.091
AI6	.234	.159	.150	-.060	.139	.591	.352	-.070	.001	.215
PE1	.050	.661	-.057	.139	.181	.230	-.115	-.127	.138	-.179

（续表）

	Component									
	1	2	3	4	5	6	7	8	9	10
PE2	.134	.724	.037	.138	-.052	.126	.125	-.163	.064	.095
PE3	.208	.799	-.072	.100	.094	-.049	-.056	.051	-.010	.015
PE4	.020	.798	.095	.070	.034	.157	.022	.008	.127	.127
PE5	.063	.837	.149	.018	.032	.091	.100	-.104	.101	.163
IQ1	-.065	.340	.119	.369	.238	.041	.395	.218	.264	.136
IQ2	.092	.400	.030	.250	.187	.179	.230	.107	.282	.390
IQ3	.098	.345	.098	.058	.268	.092	.286	.017	.604	.029
IQ5	.252	.137	.307	.218	.146	.117	.221	.071	.613	-.027
IQ6	.085	.156	.091	.228	-.041	.210	-.002	.041	.723	.246
PR1	.073	-.017	.256	.643	.152	.124	.219	-.070	.359	-.002
PR2	.222	.029	.210	.664	.088	.181	-.039	.028	.354	.067
PR5	.225	.247	.160	.703	.027	.015	.058	.053	.060	.153
PR6	.266	.271	.112	.674	.072	-.086	.145	.054	-.067	-.067
EP1	.258	.093	.518	.144	-.025	.263	.242	-.047	.183	.360
EP2	.484	.146	.192	.185	.009	.015	.297	-.050	.045	.500
EP3	.412	.059	.337	.073	.058	.100	.319	.029	.155	.542
EP5	.021	.235	.167	.211	.067	.076	.173	.086	.152	.654
TI1	.065	.083	.770	.153	.198	.070	.217	.184	.029	-.039
TI2	.204	.011	.813	.130	.070	-.006	.157	.130	.099	.045
TI4	.258	-.030	.715	.075	.123	.095	.041	.084	.231	.154
TI6	.317	.119	.725	.274	.109	.120	.084	-.056	-.003	.082
PF1	.124	-.040	.061	.019	-.045	.284	.077	.720	.104	-.072
PF2	.053	-.134	.139	.051	.113	-.112	.065	.839	-.013	.053
PF3	.062	-.045	.050	.005	.031	-.046	.016	.889	-.012	.032

表 5－10　忠实消费者样本数据 KMO 和 Bartlett's 检验

Kaiser – Meyer – Olkin Measure of Sampling Adequacy.		.876
Bartlett's Test of Sphericity	Approx. Chi – Square	4771.189
	df	946
	Sig.	.000

表 5－11　信任演化样本数据因子分析矩阵（旋转后）

	Component								
	1	2	3	4	5	6	7	8	9
AB1（t2）	-.085	.429	.142	.675	.150	.040	.047	-.024	.130
AB3（t2）	-.117	.276	.111	.798	.113	-.056	.045	-.037	.020
AB4（t2）	.026	.206	.277	.786	.084	.032	.111	-.045	-.021
AB5（t2）	-.020	-.114	.111	.713	.285	-.007	.043	.054	.168
BE1（t2）	.000	.372	.300	.311	.254	-.306	.008	-.106	.219
BE2（t2）	-.065	.182	.180	.244	.782	.046	-.063	-.036	.243
BE3（t2）	-.067	.234	.320	.254	.735	-.109	.115	.108	-.046
BE5（t2）	-.113	.371	.529	.125	.355	-.208	-.029	-.295	-.017
BE6（t2）	-.197	.155	.355	.250	.672	-.128	.138	-.120	.025
HO1（t2）	.036	.185	.591	.383	.129	-.345	.109	-.045	-.121
HO2（t2）	-.088	.143	.826	.259	.088	.031	.033	-.047	.057
HO3（t2）	-.215	.179	.750	.138	.233	.071	.112	.073	.124
HO4（t2）	-.131	.316	.697	.069	.274	-.023	-.015	.013	.284
CS1（t2）	-.090	.683	.188	.391	.006	-.080	.014	.099	.003
CS2（t2）	-.123	.780	.196	.168	.049	-.038	.066	.193	.124
CS4（t2）	-.090	.704	.279	.058	.204	-.027	.057	-.155	.255
CS5（t2）	-.035	.796	.101	.102	.205	.068	.168	-.129	.107
AB1（t1）	.070	-.072	-.033	.018	-.003	.576	.098	.049	-.044
AB3（t1）	.081	-.007	-.043	-.045	.019	.545	.074	.067	-.096

（续表）

	Component								
	1	2	3	4	5	6	7	8	9
AB4（t1）	.039	.008	-.061	.012	-.082	.641	-.023	.106	-.007
AB5（t1）	.026	-.040	-.037	-.022	-.144	.595	-.049	.124	-.038
BE1（t1）	.823	-.075	-.009	.016	-.129	.163	-.177	-.056	-.049
BE2（t1）	.814	-.064	-.038	.070	-.117	.304	-.137	.001	.025
BE3（t1）	.769	.015	-.108	.031	-.151	.297	-.064	-.004	.072
BE5（t1）	.838	-.010	-.054	-.068	-.133	-.033	-.023	-.004	-.031
BE6（t1）	.850	-.013	-.074	-.027	-.155	.133	-.023	.040	-.020
HO1（t1）	-.038	-.080	-.070	-.038	.076	-.027	.097	.094	.876
HO2（t1）	-.024	-.135	-.083	-.071	.047	-.128	.090	.047	.849
HO3（t1）	.018	-.118	-.072	-.098	.024	.016	.081	.099	.859
HO4（t1）	.057	-.083	-.054	-.074	.095	-.138	.077	-.047	.840
TA1（t1）	.066	.000	-.026	-.026	.037	.085	.036	.661	-.026
TA2（t1）	.027	-.049	-.066	.001	-.045	.138	.024	.606	-.054
TA4（t1）	..089	.023	-.074	-.063	-.036	.072	.019	.494	-.013
TA5（t1）	.016	.026	-.045	-.022	-.091	.134	-.035	.558	-.047
EU1	.030	.130	.008	.036	.000	-.062	.881	-.008	.031
EU2	.011	.086	.142	.170	.098	.084	.833	.028	.216
EU3	.116	.149	.026	.118	.095	.051	.155	.039	.785
EU4	-.158	.236	.211	.065	.053	-.126	.080	-.089	.678

表5-12　信任演化样本数据KMO和Bartlett's检验

Kaiser-Meyer-Olkin Measure of Sampling Adequacy.		.894
Bartlett's Test of Sphericity	Approx. Chi-Square	5061.275
	df	703
	Sig.	.000

从表5-9、表5-10和表5-11中可以看出，忠实消费者和信任变化样本数据的Bartlett球体检验（p=0.00）和KMO（大于0.8）都表明观测变量适合作因子分析。而且从因子分析表的总体来看，（除了有下划线的数据）不同变量的测量项目，其最大负荷系数（一般取大于0.5），归属于不同因子。而同一变量的测量项目，其最大负荷系数也归属于同一因子，分析中较少存在同一测量项目在两个或以上因子中，负荷系数大于0.5的现象，以及测量项目最大负荷系数明显低于0.5的现象。因此，从EFA的分析结果来看，可以得出结论，测量具有较为显著的区分效度和收敛效度。

数据信度和效度的分析结果证明，数据质量较好，可以进一步做理论模型的结构方程检验。

5.3　模型验证

在检验完样本数据的质量后，本研究将采用结构方程模型（SEM）进行实证分析。结构方程模型（Structural Equation Model，SEM）是应用线性方程系统表示观测变量与潜变量之间以及潜变量内部之间关系的一种统计方法。结构方程建模是基于协方差矩阵研究变量间的关系，也称为协方差结构分析。由于许多社会学、心理学研究中涉及的变量，都不能准确、直接地测量，这种变量称为潜变量（Latent variable），如社会经济地位、信任信念等。于是可以用一些外显的指标（Observable variable）去间接地测量这些潜变量，称为显变量或观察变量指标。传统的统计分析方法都不能妥善处理潜变量，而结构方程模型则能同时处理潜变量及其指标。因此，SEM及相应的软件已成为广泛应用的一种实证分析思想和技术。

结构方程模型的实证分析可粗略地分为四大步骤：模型建构、模型拟合、模型评价和模型修正。在模型的评价中，要检验结构方程的解是否适当，参数与预测模型的关系是否合理，检验模型的拟合指数，用来衡量模型与数据的拟合程度。

5.3.1 两类消费者移动内容服务采纳的静态比较模型验证

5.3.1.1 模型的方程结构

结构方程模型可分为测量方程（Measurement Equation）和结构方程（Structural Equation）两部分。测量方程描述潜变量与指标之间的关系，结构方程则反映潜变量之间的关系。指标含有随机误差和系统误差，前者指测量上的不准确性行为，后者反映指标同时测量潜变量以外的特性。随机误差和系统误差统称为测量误差，但潜变量则不含这些误差。

可以把指标与潜变量之间的关系，写成如式（5.2）和式（5.3）所示的测量方程：

$$x = \Lambda_x \xi + \delta \tag{5.2}$$

$$y = \Lambda_y \eta + \varepsilon \tag{5.3}$$

其中，x 为外生标识（Exogenous Indicators）组成的向量；y 为内生标识（Endogenous Indicators）组成的向量；ξ 为外生潜变量（即它们的影响因素处于模型之外）；η 为内生潜变量（即由模型内变量作用所影响的变量）；Λx 为外生标识与外生潜变量之间的关系，称为外生标识在外生潜变量上的因子负荷矩阵；Λy 为内生标识与内生潜变量之间的关系，称为内生标识在内生潜变量上的因子负荷矩阵；δ 为外生标识 x 的误差项；ε 为内生标识 y 的误差项。

对于潜变量之间的关系，可以用式（5.4）表示：

$$\eta = B\eta + \Gamma\xi + \zeta \tag{5.4}$$

其中，B 为内生潜变量之间的关系；Γ 为外生潜变量对内生潜变量的影响；ζ 为结构方程的残差项，反映了 η 在方程中未能被解释的部分。

图 5－7 中 ξ1、ξ2、ξ3、ξ4、ξ5、ξ6 为外生潜变量，η1 、η2 、η3、、η4 为内生潜变量，x1、x2、x3、x4、x5 为 ξ1 的测量指标，x6、x7、x8、x9、x10 为 ξ2 的测量指标，x11 、x12、x13 、x14 为 ξ3 的测量指标，x15 、x16、x16 、x18 为 ξ4 的测量指标，x19、x20、x21 、x22 为 ξ5 的测量指标，x23 、x24、x25 为 ξ6 的测量指标，y1、y2、y3、y4、y5 为 η1 的测量指标，y6、y7、y8、y9 为 η2 的测量指

标，y10、y11、y12、y13、y14、y15 为 η3 的测量指标，y16、y17、y18、y19 为 η4 的测量指标，δ1、δ2、δ3……和 ε1、ε2、ε3……分别对应指标 x 和 y 的测量误差。λx11、λx21、λx31……和 λy11、λy21、λy31……为指标在对应潜变量 ξ 和 η 上的因子负载。γ11、γ21……表示外生变量 ξ1、ξ2 对内生变量 η1、η2……的影响，β21，β32……为内生变量 η 之间的相互影响，ζ1、ζ2……分别为内生变量 η1、η2……的残差。

根据以上定义，令：

$X_1 = (x_1, x_2, x_3, x_4, x_5)^T$ $\quad \lambda_{x1} = (x_{x11}, x_{x21}, x_{x31}, x_{x41}, x_{x51})^T$

$X_2 = (x_6, x_7, x_8, x_9, x_{10})^T$ $\quad \lambda_{x2} = (x_{x62}, x_{x72}, x_{x82}, x_{x92}, x_{x10,2})^T$

$X_3 = (x_{11}, x_{12}, x_{13}, x_{14})^T$ $\quad \lambda_{x3} = (x_{x11,3}, x_{x12,3}, x_{x13,3}, x_{x14,3})^T$

$X_4 = (x_{15}, x_{16}, x_{17}, x_{18})^T$ $\quad \lambda_{x4} = (x_{x15,4}, x_{x16,4}, x_{x17,4}, x_{x18,4})^T$

$X_5 = (x_{19}, x_{20}, x_{21}, x_{22})^T$ $\quad \lambda_{x5} = (x_{x19,5}, x_{x20,5}, x_{x21,5}, x_{x22,5})^T$

$X_6 = (x_{23}, x_{24}, x_{25})^T$ $\quad \lambda_{x6} = (x_{x23,6}, x_{x24,6}, x_{x25,6})^T$

$\Delta_1 = (\delta_1, \delta_2, \delta_3, \delta_4, \delta_5)^T$

$\Delta_2 = (\delta_6, \delta_7, \delta_8, \delta_9, \delta_{10})^T$

$\Delta_3 = (\delta_{11}, \delta_{12}, \delta_{13}, \delta_{14})^T$

$\Delta_4 = (\delta_{15}, \delta_{16}, \delta_{17}, \delta_{18})^T$

$\Delta_5 = (\delta_{19}, \delta_{20}, \delta_{21}, \delta_{22})^T$

$\Delta_6 = (\delta_{23}, \delta_{24}, \delta_{25})^T$

$Y_1 = (y_1, y_2, y_3, y_4, y_5)^T$ $\quad \lambda_{y1} = (y_{y11}, y_{y21}, y_{y31}, y_{y41}, y_{y51})^T$

$Y_2 = (y_6, y_7, y_8, y_9)^T$ $\quad \lambda_{y2} = (y_{y62}, y_{y72}, y_{y82}, y_{y92})^T$

$Y_3 = (y_{10}, y_{11}, y_{12}, y_{13}, y_{14}, y_{15})^T$ $\quad \lambda_{y3} = (y_{y10,3}, y_{y11,3}, y_{y12,3}, y_{y13,3}, y_{y14,3}, y_{y15,3})^T$

$Y_4 = (y_{16}, y_{17}, y_{18}, y_{19})^T$ $\quad \lambda_{y4} = (y_{y16,4}, y_{y17,4}, y_{y18,4}, y_{y19,4})^T$

$E_1 = (\varepsilon_1, \varepsilon_2, \varepsilon_3, \varepsilon_4, \varepsilon_5)^T$

$E_2 = (\varepsilon_6, \varepsilon_7, \varepsilon_8, \varepsilon_9)^T$

$E_3 = (\varepsilon_{10}, \varepsilon_{11}, \varepsilon_{12}, \varepsilon_{13}, \varepsilon_{14}, \varepsilon_{15})^T$

$E_4 = (\varepsilon_{16}, \varepsilon_{17}, \varepsilon_{18}, \varepsilon_{19})^T$

因此，可以得到假设模型的测量方程，见式（5.5）和式（5.6），以及假设模型的结构方程，见式（5.7）。

$$\begin{pmatrix} X_1 \\ X_2 \\ X_3 \\ X_4 \\ X_5 \\ X_6 \end{pmatrix} = \begin{pmatrix} \lambda_{x1} & 0 & 0 & 0 & 0 & 0 \\ 0 & \lambda_{x2} & 0 & 0 & 0 & 0 \\ 0 & 0 & \lambda_{x3} & 0 & 0 & 0 \\ 0 & 0 & 0 & \lambda_{x4} & 0 & 0 \\ 0 & 0 & 0 & 0 & \lambda_{x5} & 0 \\ 0 & 0 & 0 & 0 & 0 & \lambda_{x6} \end{pmatrix} \begin{pmatrix} \xi_1 \\ \xi_2 \\ \xi_3 \\ \xi_4 \\ \xi_5 \\ \xi_6 \end{pmatrix} + \begin{pmatrix} \Delta_1 \\ \Delta_2 \\ \Delta_3 \\ \Delta_4 \\ \Delta_5 \\ \Delta_6 \end{pmatrix} \tag{5.5}$$

$$\begin{pmatrix} Y_1 \\ Y_2 \\ Y_3 \\ Y_4 \end{pmatrix} = \begin{pmatrix} \lambda_{y1} & 0 & 0 & 0 \\ 0 & \lambda_{y2} & 0 & 0 \\ 0 & 0 & \lambda_{y3} & 0 \\ 0 & 0 & 0 & \lambda_{y4} \end{pmatrix} \begin{pmatrix} \eta_1 \\ \eta_2 \\ \eta_3 \\ \eta_4 \end{pmatrix} + \begin{pmatrix} \mathrm{E}_1 \\ \mathrm{E}_2 \\ \mathrm{E}_3 \\ \mathrm{E}_4 \end{pmatrix} \tag{5.6}$$

$$\begin{pmatrix} \eta_1 \\ \eta_2 \\ \eta_3 \\ \eta_4 \end{pmatrix} = \begin{pmatrix} 0 & 0 & 0 & 0 \\ \beta_{21} & 0 & 0 & 0 \\ 0 & \beta_{32} & 0 & 0 \\ 0 & \beta_{42} & \beta_{43} & 0 \end{pmatrix} \begin{pmatrix} \eta_1 \\ \eta_2 \\ \eta_3 \\ \eta_4 \end{pmatrix} +$$

$$\begin{pmatrix} \gamma_{11} & \gamma_{12} & \gamma_{13} & \gamma_{14} & \gamma_{15} & 0 \\ 0 & 0 & 0 & 0 & 0 & 0 \\ \gamma_{31} & \gamma_{32} & 0 & 0 & 0 & 0 \\ 0 & 0 & 0 & 0 & 0 & \gamma_{46} \end{pmatrix} \begin{pmatrix} \xi_1 \\ \xi_2 \\ \xi_3 \\ \xi_4 \\ \xi_5 \\ \xi_6 \end{pmatrix} + \begin{pmatrix} \zeta_1 \\ \zeta_2 \\ \zeta_3 \\ \zeta_4 \end{pmatrix} \tag{5.7}$$

5.3.1.2 假设验证

下面，将对理论模型的结构关系进行检验。本研究运用结构方程模型软件 Lisrel8.5 来检验研究模型中的各条路径假设。协方差矩阵作为输入，按照 13 个假设路径编制 Lisrel 程序（具体程序见附录），运行 Lisrels8.5 后形成如图 5－7 所示的路径关系。

本研究的拟合指数主要采用如下五种：（1）χ^2/df。χ^2 与其自由度的比值表示在估算模式时，每使用掉一个自由度所增加的值。这个比值应该越小越好，大多学者的研究结果表明这个比值应该以不大于3为较好的标准。(2) 拟合优度指数 (Goodness - of - fit index, GFI)。拟合优度指数GFI值越接近1，则表示此模型解释能力愈强，配置愈恰当；反之若GFI的值越趋近于0，则表示此模式的解释能力愈低，配置愈不恰当。一般而言此GFI以0.9以上为模式适配的标准，但也有学者认为采取0.9以上作为模式适配的标准似乎太过保守，0.8以上即可接受。(3) 比较拟合度指标 (Comparative Fit Index, CFI)：CFI将NFI加以修改，具备了更稳定的特性，其值须大于0.9。(4) 标准拟合度指标 (Normed Fit index, NFI)：一般认为NFI的值应大于0.9。(5) 近似均方根残差 (Root mean square error of approximation, RMSEA)：计算观察值与估算值之间的差异，其值须小于0.08。

表5-13为两个对比模型的路径系数估计结果和T值。

表5-13　理论假设路径系数估计

假设	T1 (潜在消费者)	T2 (忠实消费者)
H1	0.11 (1.24)	0.14 (4.05)
H2	-0.07 (-0.71) ns	0.21 (3.03)
H3	0.41 (5.27)	0.07 (1.72)
H4	0.75 (6.77)	1.03 (7.88)
H5	0.96 (9.83)	0.22 (4.31)
H6	-0.09 (-0.17) ns	0.22 (3.56)
H7	0 (0) ns	0.26 (4.95)
H8	0.1 (3.88)	0.62 (2.67)
H9	0.31 (6.19)	0.17 (4.44)
H10	0.26 (5.63)	0.54 (8.89)
H11	0.28 (5.77)	0.08 (2.36)
H12	0.06 (0.69) ns	-0.04 (1.08) ns
H13	-0.2 (-2.67)	-0.01 (-0.36)

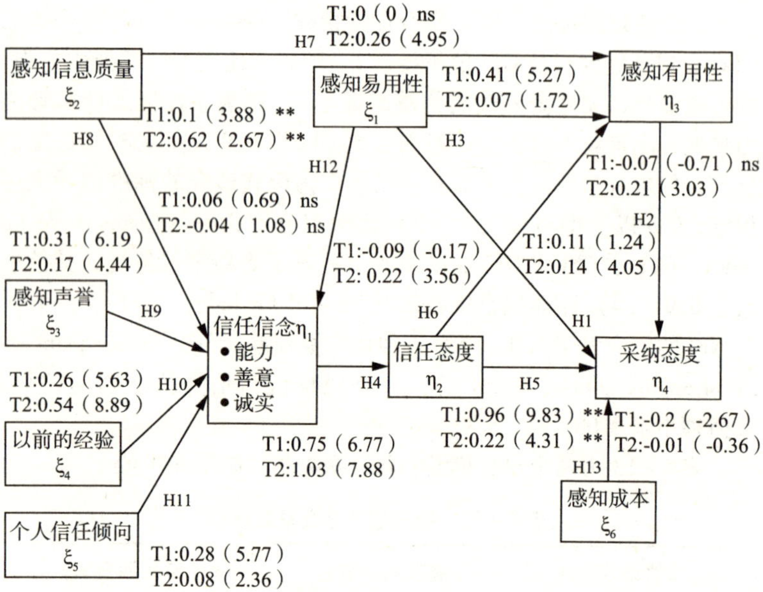

注：以上均为 0.05 水平上显著

图 5－7　移动内容服务消费者采纳模型路径系数

表 5－14　理论模型的拟合度检验

拟合指数	χ^2/df	CFI	NFI	GFI	RMSEA
T1 模型	2. 66	0. 92	0. 91	0. 87	0. 072
T2 模型	1. 87	0. 95	0. 96	0. 93	0. 068

LISREL 软件给出了结构方程模型的拟和指标，通过设定的指标，研究对模型的拟合度进行了评估。如表 5－14 所示，其中，卡方值和自由度的比值 T1 模型为 2. 66，T2 模型为 1. 87，根据 Joreskog 和 Sorbom 的建议，这个值可以接受（Joreskog K. & Sorbom D. , 1993）。

RMSEA 的值分别为 0. 072 和 0. 068，略大于 MacCallum 等人的推荐值（ <0. 05）。但小于 0. 08，属于可以接受的范围。T2 模型的 GFI 等于 0. 93，达到了 0. 9 的阈值，但 T1 模型的 GFI 等于 0. 87，接近于 0. 90 这个阀值，根据黄芳铭（2005）和侯杰泰等人（2004）的研究，可以接受。两个模型的绝对拟合指数 χ^2/df 、GFI 和 RM-

SEA 均达到了标准。两个模型的相对拟合指数 CFI 和 NFI 也大于 0.90 的标准，可以接受。

因此，从总体来看，两个模型的拟合基本上是良好的，可以接受。

5.3.1.3 结论分析

通过对模型在 T1 和 T2 两种数据环境下的检验，理论模型的大部分理论假设得到了验证，但通过比较两种数据环境下，假设路径系数的变化，本研究能够提供更多而且非常有趣的研究发现。

1. 感知有用性对采纳态度的影响变化

对于潜在消费者而言，有用性对于采纳态度的影响不显著，而忠实消费者感知有用性对采纳态度的影响也不高（0.21）。但描述统计可以发现，潜在消费者感知有用性的测量平均值达到 5.235，而忠实消费者感知有用性测量的平均值达到 5.709，可以证明无论是潜在消费者还是忠实消费者都认同移动内容服务是有功能价值的，但这并没有成为影响消费者形成采纳态度的显著性因素。结合调研访谈和数据分析的情况，推断产生这种情况的原因如下：感知有用性是用户对移动内容服务的一种预期，而移动内容服务的信息质量决定了消费者实际感受到的功能价值和有用性，这种体验差距决定了消费者继续采纳移动内容服务的态度。因此，可以说，体验的差距影响着消费者是否继续使用移动内容服务。有用性感知是潜在消费者继续使用移动内容服务，成为忠实消费者的必要条件，而非充要条件。

2. 感知易用性对采纳态度和感知有用性影响的变化

对于潜在消费者和忠实消费者，感知易用性对信任信念的影响不显著，理论模型中假设 H12 没有得到验证。对于两类消费者，感知易用性对采纳态度的影响得到了验证，路径系数显示其对于不同类型消费者的变化不大（T1：0.11；T2：0.14）。而易用性感知对有用性感知的影响却从 T1：0.41 降到 T2：0.07。主要原因在于初始的消费者对于易用性更为敏感，易用性可以增强其对有用性的感知。但是忠实消费者在使用移动内容服务的过程中积累了非常熟练的使用经验，从而降低了感知易用性对感知有用性的影响。Hsu 等人（2007）的研究结果显示，感知易用性对创新的晚期进入者有比较重要的作用，而对早期进入者的作用并不显著。本研究的结论与Hus等人的研究并不矛盾。因为，本研究的对象中，即使是潜在消费者也有移动内容的使用经验，他们并不是创新的采纳者，因此，本研究的发现可以作为扩散阶段的研究结论。

3. 感知信息质量对感知有用性影响的变化

理论假设中H7，潜在消费者感知信息质量对感知有用性的影响不显著，而忠实消费者感知信息质量对感知有用性的影响达到了0.26。可以认为，潜在消费者没有积累足够的使用经验去影响自身对于移动内容服务有用性的感知。而对于忠实消费者，他们已经有了足够的使用经验去建立他们对移动内容服务信息质量的评价，从而对预先的有用性感知产生影响。也正是由于在T2阶段，感知信息质量对于感知有用性产生了相当的作用，其影响通过有用性感知最终影响到采纳的态度。所以，信任的态度对于采纳态度的影响作用从T1阶段的0.96降到了T2阶段的0.22，也间接说明了感知信息质量的重要作用。

4. 信任信念前置影响因素的变化

在影响消费者信任信念的前置因素中，感知易用性作用不显著。感知信息质量、感知声誉、以前的经验和个人信任倾向对信任信念的理论假设均得到了验证。比较他们在T1和T2阶段的变化可以发现，感知信息质量的影响作用在提高（从0.1到0.62），以前经验的影响作用也从0.26提高到0.54，这是因为忠实消费者使用移动内容服务的正向经验产生了作用。从这里可以看出本研究在量表设计阶段存在着局限性，即对以前经验的测量中没有设法排除忠实消费者使用移动内容服务经验的影响。另外，感知声誉和个人信任倾向对信任信念的影响分别从T1阶段的0.31和0.28下降到T2阶段的0.17和0.08，说明忠实消费者在继续采纳移动内容服务的过程中，受到企业声誉和自身信任倾向的影响大大减少，消费者变得更加理性，更多地关注信息的质量和自身的体验。

5. 感知成本对采纳态度的影响变化

根据模型的路径系数可知，移动内容服务感知成本对采纳态度的影响也具有显著性，两者成负向关系。而且忠实消费者感知成本对采纳态度的影响（-0.01），远远小于潜在消费者感知成本对采纳态度的影响（-0.2），说明忠实用户对移动内容服务成本的敏感性在降低。Parasurama（1997）也曾指出，客户感知价值是客户重购意向最重要的指标，也是衡量服务竞争优势的重要方法之一。而感知价值是消费者综合有用性和所付出成本的度量，因此，如果移动内容服务的信息质量和有用性得到消费者的认可，那么消费者愿意为之付出一定的财务成本，造成感知成本的影响作用在下降。

5.3.2　移动内容服务消费者信任变化分析

5.3.2.1　模型的方程结构

根据第三章提出的移动内容服务采纳信任信念变化的模型，建立模型的测量方程和结构方程。

令外生潜变量能力（T1）、善意（T1）、诚实（T1）、信任的态度（T1）、使用的程度（T2）为ξ_7、ξ_8、ξ_9、ξ_{10}、ξ_{11}，内生潜变量能力（T2）、善意（T2）、诚实（T2）、消费者满意（T2）为η_5、η_6、η_7、、η_8。ξ_7的测量指标为q_1，q_2，q_3，q_4；ξ_8的测量指标为q_5，q_6，q_7，q_8，q_9；ξ_9的测量指标为q_{10}，q_{11}，q_{12}，q_{13}；ξ_{10}的测量指标为q_{14}，q_{15}，q_{16}，q_{17}；ξ_{11}的测量指标为q_{18}，q_{19}，q_{20}，q_{21}；η_5的测量指标为z_1，z_2，z_3，z_4；η_6测量指标为z_5，z_6，z_7，z_8，z_9；η_7的测量指标为z_{10}，z_{11}，z_{12}，z_{13}；η_8的测量指标为z_{14}，z_{15}，z_{16}，z_{17}；σ_7、σ_8、σ_9、σ_{10}、σ_{11}、和μ_5、μ_6、μ_7、μ_8分别对应指标 q 和 z 的测量误差的向量。λ_{q7}、λ_{q8}、λ_{q9}、λ_{q10}、λ_{q11}和λ_{z5}、λ_{z6}、λ_{z7}、λ_{z8}为指标在对应潜变量ξ和η上的因子负载的向量。γ_{55}、γ_{56}……表示外生变量ξ_7、ξ_8、ξ_9、ξ_{10}、ξ_{11}、对内生变量η_5、η_6、η_7、η_8的影响，β_{58}，β_{68}……为内生变量η之间的相互影响，ζ_5、ζ_6、ζ_7、ζ_8分别为内生变量η_5、η_6、η_7、、η_8的残差。令：

$$Q_7 = (q_1, q_2, q_3, q_4)^T \qquad Z_5 = (z_1, z_2, z_3, z_4)^T$$

$$Q_8 = (q_5, q_6, q_7, q_8, q_9)^T \qquad Z_6 = (z_5, z_6, z_7, z_8, z_9)^T$$

$$Q_9 = (q_{10}, q_{11}, q_{12}, q_{13})^T \qquad Z_7 = (z_{10}, z_{11}, z_{12}, z_{13})^T$$

$$Q_{10} = (q_{14}, q_{15}, q_{16}, q_{17})^T \qquad Z_8 = (z_{14}, z_{15}, z_{16}, z_{17})^T$$

$$Q_{11} = (q_{18}, q_{19}, q_{20}, q_{21})^T$$

可以得到模型的测量方程如式（5.8）和式（5.9）：

$$\begin{pmatrix} Q_7 \\ Q_8 \\ Q_9 \\ Q_{10} \\ Q_{11} \end{pmatrix} = \begin{pmatrix} \lambda_{q7} & 0 & 0 & 0 & 0 \\ 0 & \lambda_{q8} & 0 & 0 & 0 \\ 0 & 0 & \lambda_{q9} & 0 & 0 \\ 0 & 0 & 0 & \lambda_{q10} & 0 \\ 0 & 0 & 0 & 0 & \lambda_{q11} \end{pmatrix} \begin{pmatrix} \xi_7 \\ \xi_8 \\ \xi_9 \\ \xi_{10} \\ \xi_{11} \end{pmatrix} + \begin{pmatrix} \sigma_7 \\ \sigma_8 \\ \sigma_9 \\ \sigma_{10} \\ \sigma_{11} \end{pmatrix} \quad (5.8)$$

$$\begin{pmatrix} Z_5 \\ Z_6 \\ Z_7 \\ Z_8 \end{pmatrix} = \begin{pmatrix} \lambda_{z5} & 0 & 0 & 0 \\ 0 & \lambda_{z6} & 0 & 0 \\ 0 & 0 & \lambda_{z7} & 0 \\ 0 & 0 & 0 & \lambda_{z8} \end{pmatrix} \begin{pmatrix} \eta_5 \\ \eta_6 \\ \eta_7 \\ \eta_8 \end{pmatrix} + \begin{pmatrix} \mu_5 \\ \mu_6 \\ \mu_7 \\ \mu_8 \end{pmatrix} \quad (5.9)$$

同时按照模型的拓扑结构，模型的结构方程可以构造如式（5.10）、式（5.11）、式（5.12）和式（5.13 所示）：

$$\eta_5 = \gamma_{57}\xi_7 + \beta_{58}\eta_8 + \zeta_1 \quad (5.10)$$

$$\eta_6 = \gamma_{68}\xi_8 + \beta_{68}\eta_8 + \zeta_2 \quad (5.11)$$

$$\eta_7 = \gamma_{79}\xi_9 + \beta_{78}\eta_8 + \zeta_3 \quad (5.12)$$

$$\eta_8 = \gamma_{8,10}\xi_{10} + \beta_{8,11}\xi_{11} + \zeta_4 \quad (5.13)$$

5.3.2.2 假设验证

根据上述移动内容服务信任变化模型的测量方程和结构方程，研究编制了 LISREL 运行方程（具体程序见附录），并以协方差矩阵作为输入，运行 Lisrels8.5 后形成如图 5－8 的路径关系，并得到了模型的拟合指数，如表 5－15 所示。

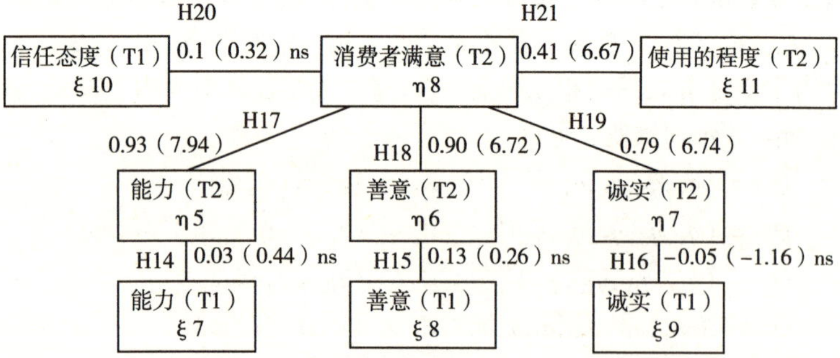

注：以上均为 0.05 水平上显著

图 5－8 移动内容服务信任变化模型

表 5-15 模型的拟合度检验

拟合指数	χ^2/df	CFI	NFI	GFI	RMSEA
测量值	2.78	0.96	0.94	0.92	0.076

由拟合指数表可以看出，卡方值和自由度的比值为2.78，小于3的设定阈值；RMSEA的值为0.076，小于0.08的阈值，属于可以接受的范围。GFI等于0.93，也达到了0.9的阈值。上述三个绝对拟合指数达到了基本要求，说明数据与模拟拟合程度可以接受。相对拟合指数CFI和NFI也大于0.90的标准，可以接受。总的来说，模型拟合较好。

5.3.2.3 结论分析

通过分析模型的检验结果和路径系数，可以发现消费者在T2阶段的满意度在0.05的显著性水平上分别对T2阶段移动内容服务商的能力（0.90）、善意（0.93）和诚实（0.79）表现出积极的影响，而且影响的程度相对较大，因此，理论假设中H17、H18、H19均得到支持。而消费者在T1阶段对移动内容服务商的能力、善意和诚实的信念，对T2阶段移动内容服务提供商能力、善意和诚实信念的影响在本研究中不具有显著性，因此，理论假设H14、H15、H16没有得到支持。消费者T1阶段的信任态度对T2阶段消费者满意的影响也不显著，理论假设H20没有得到支持。而T2阶段消费者使用移动内容服务的程度对消费者满意表现出较积极地影响（0.41）。据此可以认为，消费者的信任信念受到当前满意度的影响较大，而先前积累的信任的信念将迅速衰减，以至于对当前信任信念的形成作用甚微。此研究发现与Fatemeh（2008）等人对信任变化的研究结论不一致，Fatemeh（2008）等人通过对网站用户的研究，认为新的使用信息会被整合到消费者过去的信任信念中，并且形成了新的信任信念。这种新的信息在本研究中体现为消费者满意。之所以会出现不同的研究结论，推断主要原因如下：（1）由于两个研究选择的时间阶段不一样，造成不同时段消费者信任的相关程度出现变化；（2）研究对象不同，造成消费者信任的衰减速度不同。由于移动内容服务是移动电子商务中比较新的服务类型，很多消费者正处于早期的尝试阶段，不论是早期的潜在消费者还是早期的忠实消费者，他们的信任信念的形成在这个时期波动会比较大，容易受到外界因素的影响。也说明这个阶段的消费者信任的信念处于形成的早期，仍然不稳定。另外可以发现，消费者满意对信念的变化产生的影响较大。换句话说，新的信息使得移动内容服务消费者的信任信念产生了较快的变化，他们更愿意忘记过去的记忆而改变想法。结合静态比较模型的发现，可以认为信息质量对于消费者的满意有着重要作用，进而在信任信念的形成中成为重要的角色。

5.4 管理建议

信息服务是从社会现实出发，以充分发挥信息的社会作用、沟通用户的信息联系、有效组织用户信息活动为目标，以信息运动各环节为内容的一种社会服务。信息服务有生活型信息服务和工作型信息服务之分，生活型信息服务主要提供与日常生活相关的内容，资料查询也经常围绕着家庭与个人的需求，包括购物、体育、文化生活等；而工作型信息服务以提高用户的工作效率为目的，其内容涉及经济、技术、法律等多方面，带有严肃的知识性。

电信信息服务产品是电信服务与内容元素的混合体，是通过电信服务这种特有的劳动形式，对各种信息进行生产、收集、整理和传播，所产生的劳动成果。本研究所探讨的移动内容服务属于电信信息服务的产品，它具有一般服务产品的共同特征。同时，移动内容服务还具有一些自身的特征，这些特征使得它与一般的服务产品区别开来。(1) 创新性。移动内容服务产品是电信服务与信息内容创造性的结合，依托强大的移动通信网络，电信运营商为用户提供随时随地获取信息的全新体验。移动内容服务产品的创新性，不仅体现在开发技术的创新上，更重要的是体现在服务功能与信息内容上。(2) 知识密集性。信息资源是电信信息服务产品的重要生产要素，依靠生产者对其高心智的投入，依托现代化的生产手段，最终产出是信息和知识含量丰富的信息服务产品。在产品的生产过程中，信息与知识的凝聚与裂变起着相当重要的作用。对于消费者而言，它有助于增加消费者的知识含量，提高消费者的知识水平。(3) 规模经济性。移动内容服务产品的生产成本结构，呈现高固定成本，低边际成本的特点。另外，信息服务产品的固定成本绝大部分是沉没成本，如果停止生产就无法收回，这就要求运营商尽可能多的提供内容产品和服务，重视移动内容服务的扩散过程及扩散效果。（4）经验性。电信信息服务产品的经验性，是指在消费者采纳该产品或服务时才能确定其价值所在。电信信息服务产品在它的整个生命周期中都是经验性产品。所以，电信运营商更应该重视产品的可试性，大力开展体验式的经营方式。

通过本研究可以发现，目前大多数消费者对移动内容服务内在的价值是认可的，但这只能构成消费者继续采纳移动内容服务的必要条件。移动内容服务商本质上为客户提供的是信息代理服务，作为信息服务的代理者，赢得消费者信任是至关重要的，这种信任主要体现在能力、善意和诚实方面的信任。在影响这些信念的因素中，服务质量、企业的声誉、消费者个人经验和个人信任倾向都发挥了影响作用。

首先，作为企业来说，应当区分潜在的消费者和忠实的消费者，并采取不同的经营策略。对于潜在消费者应当加大宣传力度，提升品牌形象，增强用户的熟悉性。人们通常相信熟悉的，通过反复的宣传能使用户更加熟悉，从而形成潜在的信任。另外，信息的质量对潜在消费者形成企业和产品的印象有直接的影响。

而消费者缺乏消费体验是移动内容业务推广最大的瓶颈。在消费者还不完全了解业务内容之前，最有效的方法就是让消费者有充分的氛围和机会去尝试。通过赠送一定业务流量和费用，让消费者免费体验移动内容服务的魅力；通过在营业厅、代理销售点、客户俱乐部等建立业务的体验区和展示厅等，制造一个真实的体验环境，让消费者先体验后使用；打造一个让消费者先体验，满意后再购买的业务销售模式等，这些都是让消费者在体验中了解移动内容业务的乐趣和用途，进而激发消费者购买欲望的有效方法。通过提供免费使用服务，能消除信息的不对称，吸引相当一部分潜在消费者。

而对于忠实消费者，信息质量是最关键的因素，企业更多的应该是了解不同客户的信息需求，提高信息的质量，才能吸引消费者继续使用移动内容服务的产品。另外，潜在消费者和忠实消费者对移动内容服务价格的敏感程度不同，所以对于潜在消费者要以优惠的价格吸引他们，使之成为忠实消费者，而对于忠实消费者要提高信息产品的质量，以便留住他们。

其次，努力提高消费者信任。由于信息产品的特点，买卖双方存在着信息不对称的问题，预感风险因素对用户接受移动内容服务有消极影响，是阻止用户接受移动内容服务的重要因素。而用户对移动内容服务提供商信任越强，则用户预感的风险就越小，因此就存在一个重要的问题：如何培养消费者对服务商的信任。由移动内容消费者信任的变化趋势分析可知，消费者满意对于信任的持续有着重要作用，而且移动内容服务消费者的初始信任很容易破坏，所以对信任的持续发展就需要特别注意。一些形成持续信任的方法如下：（1）提高信息的质量。每个消费者对信息的需求都是不同的，移动内容服务提供商可以针对不同消费者提供定制服务，利用数据挖掘等技术发现消费者的特点，提供有针对性的移动信息服务，提高移动信息对于消费者的价值，从而提高消费者满意度。（2）移动内容提供商应该把降低用户使用移动内容服务所需花费的时间和精力作为重要目标。比如：使消费者能方便地用移动设备进行移动内容服务的订阅，方便地撤销订阅手续等。提供给用户简单易学、易懂、易操作的操作方式。提供简便易懂的交互界面，更多地采用图案和标志来帮助用户迅速学习和理解交互界面。布局合理，方便消费者迅速查找信息、浏览信息，确保文字通俗、易懂。精心地选择使用的文字、色彩，使消费者在使用移动内容服务的过程中拥有愉快的过程体验，从而提高消费者使用的满意度。

最后，企业要重视移动内容服务的消费者体验。移动终端作为一种信息传播的媒介和信息服务消费的平台，为移动内容服务的消费者带来了新的信息服务的体验。而有用性和易用性构成了消费者体验的核心要素，影响着消费者采纳的行为。

美国经济学家约瑟夫·派恩二世（B. Josehp Pinei Ⅱ）和詹姆斯·吉尔摩（James H. Gilmore）在他们1999年出版的《体验经济》（*The Ecperience Economy*）一书中认为，体验是一种重要的经济要素。当人们购买商品时，获得物品；当人们购买服务时，购买一组按自己的要求实施的非物质形态的活动；当人们购买一种体验时，他是在花时间享受某一企业所提供的一系列服务。体验经济的形成就在于体验是一种经济提供物，它从服务中分离出来，就像服务曾经从商品中分离出来那样。但是体验是一种迄今为止尚未被得到广泛认识的经济提供物，体验与服务的差别就好像服务与商品的差别。当一个企业有意识地以服务作为舞台，以产品作为道具来使消费者融入其中时，体验就出现了。在体验经济中，企业是体验策划者，不再仅仅提供商品或服务，而是提供最终的体验，给顾客留下难以忘怀的愉悦记忆。消费者个人以个性化方式参与消费，获得体验。体验成为开启未来经济增长的钥匙，这成为当代经济的特征和以后经济发展的方向。正是在这种意义上说，由易用性和有用性构成的消费者体验是决定消费者采纳的重要因素。

“体验”作为一种传播手段，其效用是激起购买欲望。绝大部分的消费者在体验之后、购买之前都会理性地度量自己的消费行为。一旦体验过程中有负面的信息，就会极大地削弱消费者先前体验所积累的信心。因此，体验过程中必须避免出现一些问题，如让消费者体验的业务必须是成熟的。不少企业常把试行中的不稳定、不成熟的业务让用户免费试用，造成消费者体验与预期的心理差距。另外，通过量身定制的服务提高服务质量、接近消费者的需求；通过与消费者产生互动，以提高消费者的忠诚度。这种体验实际上就是企业与消费者在文化、情感层面上的互动交流，从而促进客户从满意的消费者变成忠诚的倡导者。只有这样，才能有效扩大消费者群体，进而化解终端、资费等因素的制约，使移动内容服务业务成为消费者时尚生活和个性化需求的自然而然的组成部分。

信息消费本质上是一种精神上的消费，消费者通过信息消费获得一种精神上的体验，因此信息消费的过程也就是一种精神体验的过程，信息服务的价值体现在给用户带来的体验上。移动内容服务中幽默和笑话的信息产品，给用户带来的是愉悦的体验，给用户带来的是沟通的幸福体验。用户正是从这些体验上承认移动内容服务的价值。

信息消费成了体验经济中的核心要素。当对于消费者的关注从信息产品、信息服务到信息体验时，信息消费就进入了体验经济的范畴。例如，天气预报短信定制被作为一项信息产品提供给客户，这时属于工业经济的范畴；如果定位在利用短信的手段向用户提供天气预报的服务，这就属于服务经济的范畴；如果考虑到用户的个性化，向用户提供针对他本人的和天气相关的信息服务，使用户获得超出其想象的服务，必然给用户带来一种愉悦，这时就进入了体验经济的范畴。

5.5 本章小结

本章的目的是通过样本数据的分析验证理论模型的正确性。为了了解被调查样本的总体情况，首先进行了人口统计学方面的描述性分析。其后，通过 SPSS13 软件进行了因子分析，并计算了测量变量的 Cronbach α 系数和 KMO 值，结果表明调查数据具有较好的信度和效度。最后，把理论模型转变成结构方程模型，并应用 LISREL8. 5 软件检验了理论模型中的假设，深入分析了检验的结果，并提出了相应的管理建议。

第六章　移动内容服务采纳模式的博弈分析

国内外有许多学者研究各类移动服务的采纳问题，但大多数研究从用户行为出发，使用实证的方法，如文献［Coursaris C. & Hassanein K.，2002；邓朝华等，2007］等。本章的研究将从移动价值链的角度，建立了一个两个阶段的完全信息动态博弈模型，通过分析移动内容服务价值链主要参与者之间的博弈过程以及最终的均衡状态和实现条件。从内容提供商的角度，深入分析移动内容服务采纳过程中参与企业之间的互动过程，预测内容提供商可能采纳何种模式为消费者提供移动内容服务。

6.1　价值链理论

价值链是企业传递不断增值的产品和服务给用户的一系列相互关联的活动（Porter，M. E.，1985）。企业价值链包含于行业价值链之中。行业价值链由企业和它上、下游组织之间的价值链构成。因此，价值链概念不仅被用于分析企业内部的增值活动，同样也适用于整个行业产品和服务增值过程的分析。

价值链（Value Chain）是美国学者迈克尔·波特（Michael E Porter）于1985年提出的理论。波特是在研究跨国企业的战略管理中引入价值链分析工具。他针对当时战略管理理论缺乏对企业内部环境的考虑，提出了以价值链为基础的战略分析，试图弥补原有理论的不足。波特当时将价值链描述成一个企业用以“设计、生产、销售、交货以及维护其产品”的内部过程或作业（Activity）。而且他还将企业的价值作业分为两类：基础作业和辅助作业。前者包括进货后勤、生产经营、出货后勤、市场营销、售后服务；后者包括采购、技术开发、人力资源管理、企业基础设施。约翰·沙恩克（John shank）和菲·哥芬达（V. Gowindarajan）描述的价值链则范围大得多，他们认为“任何企业的价值链都包括从最初的供应商手里得到原材料直到将最终产品送到用户手中的全过程”。

随着信息技术的发展，Jefferey F. Rayport 和 John J. Sviokla 于 1995 年提出了“虚拟价值链”的观点。他们认为任何一个企业是在两个不同的世界中进行竞争的，一个是有形资源世界，称为“市场场所”（Market Place）；另一个则是信息构成的虚拟世界，称为“市场空间”（Market Space）。它们通过不同的价值链开展价值创造活动。前者通过“有形价值链”，即采购、生产与销售，后者通过“虚拟价值链”，即信息的收集、组织、筛选与分配。两条价值链的增值过程并不相同，有形价值链是由一系列线性作业构成的，而虚拟价值链则是非线性的，有潜在的输入输出点。企业可根据自己的组织、结构、战略观点对这两个过程进行管理，提出新的观点和技术上的挑战。

价值链是人类社会进步的一个体现，在人类社会分工越来越细致的今天，价值链的形成是必然的。凯恩斯有一个著名的论断：当市场中的每一个主体都追求自己利益的最大化时，整个社会的利益也就自然达到了最大化。价值链有以下几个重要特点：

第一，价值链本身是客观存在的，是通过竞争合作关系形成的，不是人为造出来的，不是结盟形成的。在有市场竞争的地方就会有价值链，随着社会分工的细化，没有任何一种产品或服务可以由一家企业完全提供，不同的利润主体由相互竞争变为基于自身资源的相互合作，于是产生了价值链。随着时间的推移，各个企业在价值链中所处的角色还会发生变化。

第二，价值链始终处于不断的变革中，它是一种动态的整合过程。世界上没有最佳的分配形式，作为各个环节共同参与运营和“分成”的移动价值链同样不存在最佳，它是动态的，不断有新的成员参与进来，也不断有成员被淘汰。

第三，共同利益是价值链存在的根基，价值链的市场竞争形式与战场不同，战场讲究“单赢”、“胜者全得”，往往是一方消灭另一方，才能获得胜利战果。而市场则不一样，不可能双方竞争而结果却是一方通吃，另一方一无所获。在共同利益和专业化分工的基础上，价值链各方都能够分到一杯羹，这才促使价值链得以延续下去。

第四，价值链在不断变革，随着技术的不断进步和市场需求的不断变化，价值链正在不断延伸，社会分工越来越细的同时，各个环节之间的界限也相互融合。

6.2　移动价值链

移动内容服务价值链是以提供信息产品为核心的价值增值链，也就是一个信息增值链。移动内容服务价值链的各个增值主体通过对信息的不断加工，如收集 、整理、分类、储存、传输、交换等工作，向用户提供信息产品，实现信息价值增值（如图 6－1 和图 6－2 所示）。

随着移动技术的快速发展，越来越多的人通过手机等便携式移动设备实现各种商务活动，得到包括内容服务和娱乐服务在内的各类移动服务。移动内容服务拥有的巨大市场潜力使许多企业加入了这一商业领域，移动内容服务的价值链随之形成（Sabat H. K.，2002；张向国 & 吴应良，2005）。而随着业务的发展，移动价值链变得越来越复杂，这其中主要有以下几大因素的推动：第一，市场由卖方市场向买方市场转化。我国移动业务经过几年的快速发展，移动业务迅速普及，在大中城市达到很高的普及率，整个市场呈现出一种由过去的卖方市场向买方市场转化的趋势。传统的移动业务持续降低，客观上需要挖掘用户的需求，提高收入水平。因此，发展移动业务就成为拉动用户消费的重要手段。第二，互联网技术的发展。互联网应用统一开放的标准，为移动运营商和其他企业的合作搭建了价值链平台。第三，信息化的推动。社会各个行业信息化进程的加快，吸引了更多其他产业加入到移动价值链中来，如电子政务、电子银行、远程教育、远程医疗等。第四，成本优化的需要。由于技术进步和信息化水平的提高，外部交易成本逐渐减少，而同时专业知识对效率的重要性大增，专业化的效益抵消了交易成本，使得更多企业愿意采用外包合作的方式。不同于传统的移动电信价值链，移动内容服务价值链整合了传统移动电信和 Internet 的价值链（Ying - Feng Kuo & Ching - Wen Yu，2006；Maitland C. F. et al，2002）。在这个过程中，移动内容服务价值链参与者之间的博弈改变了传统电信价值链的结构。竞争环境的改变需要重新分析行业参与者在价值链上的地位变化和战略选择。

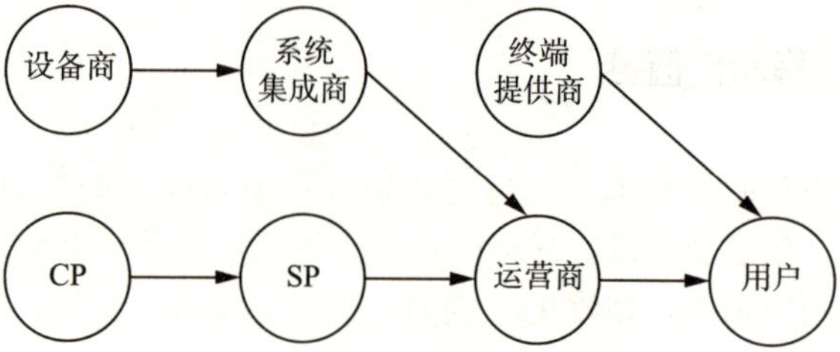

图 6－1　移动增值服务价值链

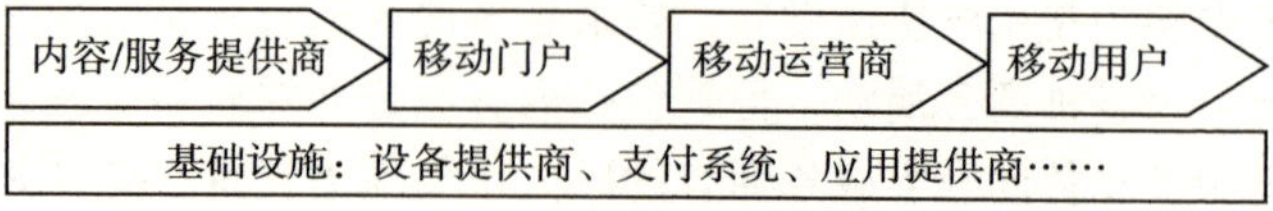

图 6－2　移动内容服务价值链

移动内容服务与其他的产品和服务类似，为用户提供移动内容服务的过程是产品和服务不断增值的过程，它涉及许多价值提供者，主要包括内容/服务提供商、移动网络运营商、设备提供商、银行等角色（Barnes S. J.，2002；Nikolaos A，2006）。移动内容服务价值链参与者共同为用户创造价值的过程，改变了传统移动通信行业的价值系统。

内容提供商负责设计、制作消费者需要的各种内容产品和服务。移动门户是开展移动服务的基础，是信息和服务的集成商，在一定程度上控制用户在互联网上获得的内容和服务。除了整合服务和各类信息内容，移动门户还提供信息索引、检索工具和其他相关的服务（Barnett N. et al，2000）。因特网服务提供商/因特网内容提供商面向公众提供下列信息服务的经营者：一是接入服务，即帮助用户接入 Internet；二是导航服务，即帮助用户在 Internet 上找到所需信息；三是信息服务，即建立数据服务系统，收集、加工、存储信息，定期维护更新，并通过网络向用户提供信息内容服务。其中，不提供接入服务，只经营后两项业务者叫作 Internet 内容提供商。SP（Service Provider），即因特网服务的直接提供者，负责根据用户的要求开发和提供适合手机用户使用的服务。按照信息产业部的定义，SP 通常为业界对依托于基础电信业务运营商的网络设施，为用户提供信息内容服务的增值电信运营商的统称。在信息产业部颁布实施的新版《电信业务分类目录》中，与之对应的业务名称为信息服务业务，是指通过信息采集、开发、处理和信息平台的建设，通过固定网、移动网或因特网等公众通信网络直接向终端用户提供语音服务（声讯服务）或在线信息和数据检索等信息服务的业务。

从企业业务开展的角度来看，目前 SP 可以分成三大类：第一是门户型 SP。这种 SP 由门户网站提供短信服务。其短信服务的内容主要有图片、文字、新闻等，这些需要不断补充素材的服务是这些门户型 SP 的专长。第二是专业型 SP。以短信作为主业的公司。从提供的服务品种来看，专业型 SP 和门户型 SP 几乎完全重合。但从具体的业务来看，专业型 SP 的优势在于需要不断创新的技术性、创意性服务。第三是专项型 SP。这种 SP 和其他的短信服务商不同，没有常见的图片、铃声等业务，只专注于自己具有垄断优势的短信服务。CP（Content Provider）即因特网服务内容的提供者，负责向 SP 提供其需要的信息内容。在实际的价值链中，SP 往往具备部分 CP 的性质，CP 也通常具有部分 SP 的性质。因此，一般都将 SP/CP 合在一起进行讨论。

移动网络运营商在移动电子商务中扮演了一个重要的角色，它提供了移动通信网络，无论个人用户还是企业用户，都必须通过这个渠道获得各种移动服务。随着我国电信业务的发展，不断有新的电信运营主体产生，逐渐形成了相对竞争的格局。我国的电信运营商主要包括中国电信、中国网通、中国联通、中国移动等企业。随着业务竞争的不断加剧，不同企业之间的竞争格局也开始发生变化，由过去单一的企业之间的竞争转变为以企业为核心的价值链的竞争。培养以各自企业为核心的价值链成为各大运营企业逐渐关注的问题。移动基础设施指的是支持移动价值链运转的网络平台、安全和支付系统，还包括各种应用软件（Buellingen F. & Woerter M.，2004）。

网络运营设备提供商指为电信运营商提供网络运营设备的制造商。从传统意义上来讲，电信设备提供商往往把对产品技术指标的追求放在第一位，而由这些设备搭建起来的电信运营网络，通过测试设备就可以精确地得出相应的指标，如掉话率、接通率等，这些指标能够在一定程度上作为网络运营的参考依据。随着电信服务理念的不断进步，原始的以网络质量为中心的概念已经发展到以网络效益为中心上来。因此，面对网络的最终用户，这些指标测试并不能完全真切地反映出用户对网络的使用体验和感受，这也给网络运营提出了新的课题。原有的网络设备提供商分为两种：IT 技术基础设备提供商（不关注电信增值业务的需求）；专业的电信业务设备提供商（推动了电信技术本身的发展）。

终端设备提供商指直接为用户提供终端设备的生产商。终端设备提供商在整个价值链中是连接用户的最直接的环节，它发展的程度直接决定了整个生态系统服务能力的高下。终端早已不再仅仅是一个移动终端，它融合照相机、计算机、收音机、摄像机、电子钱包、词典、电视等多种功能。然而，终端成本是否合适，成为制约业务发展的最主要的一个瓶颈。

6.3 移动内容服务的商业模式

Olla 利用价值链模型分析了移动服务提供商（Olla Philip & Patel Nandish V.，2002）。而 Rulke 从价值链的视角，分析了移动门户、内容提供商和移动运营商的内在关系，把移动内容服务的商业模式分为两类：管道模式和门户模式（图 6－3）（Rulke E. et al，2002）。管道模式下，运营商可以通过与内容提供商签订批发协议，仅仅提供传输服务而从内容提供商或移动门户那里获得收入，它不需要做出任何实质性的投资，不涉及内容产品的营销和品牌建设，仅仅提供服务传送的“管道”（吕廷杰，2006）。例如美国运营商 AT&T 在提供内容服务时就是使用这种模式。在这种模式下，移动用户可以定制自己需要的各种内容服务。门户模式下，运营商与移动门户、内容提供商存在较强的关系，内容提供商通过移动门户向消费者提供内容产品，运营商负责支付管理，移动门户对用户的控制力较强。例如日本 NNT DoCoMo 公司的 I-mode 就是使用这种模式。这种模式下，门户负责客户关系管理和品牌建设，目前，由于移动门户通常由资质较好的大公司或网站承担，所以对于用户而言，门户模式比管道模式服务质量要好，风险要小，但内容服务价格也要偏高。产品的特性和服务模式的特点将决定用户对于交易渠道的选择（Ba，S. et al，2005）。

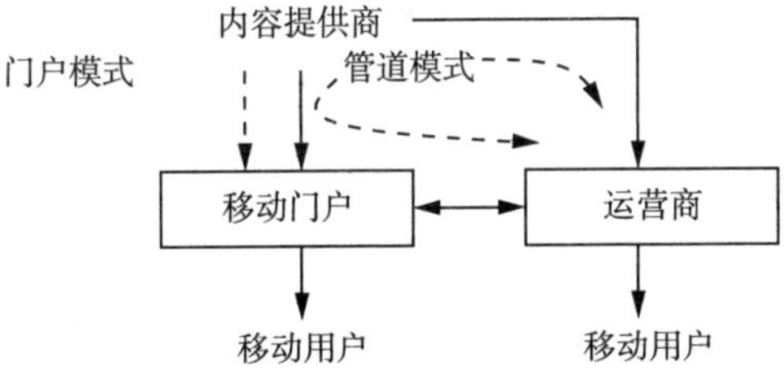

图6-3　移动内容服务的两种模式

总的来说，可供采纳的两种运营模式为：门户模式和管道模式（如图6-3）。下面将基于图6-3的模型，利用博弈论的方法分析消费者对于门户模式和管道模式的采纳偏好及均衡状态。

6.4　博弈参与各方的行为及效用

6.4.1　用户的行为及效用

移动内容服务用户有三种可能的行为选择：（1）选择管道模式；（2）选择门户模式；（3）不购买。而决策的依据是用户效用的最大化，即内容产品内在价值和支付价格之差的最大化。但由于内容产品消费之前是不能体验的，具有一定的质量风险，因此风险因素也是消费者在决策过程中必须考虑的因素。假设内容产品对于所有的用户都具有内在的价值 V。由于门户模式的承担者通常由资质较好的公司负责品牌建设，支付管理和客户关系管理，因此，模型假设门户模式下用户没有风险因素。当用户从管道模式下获得内容产品的时候，他们要承担一定的风险因素，这种风险和内容产品的价格成正比。用户往往利用产品的品牌判断产品的内容质量和服务，从而使品牌和内容产品的风险有较大的关联度。同样，如果内容提供商加强品牌建设，优化支付管理和客户关系管理，提供满意的定制服务，也会降低用户的风险因素。模型中风险因素用 δ 表示，风险成本等于用户的内容产品价值 V 乘以 δ。假设内容产品消费者的总数为 n，且每个消费者购买内容产品的数量为 1 个或 0 个单位。如果 P_A 和 P_B 分别表示门户模式和管道模式下消费者愿意支付的内容产品价格，则用户的三种行为选择及其效用如式（6.1）所示。

$$U=\begin{cases}V(1-\delta)-P_B & \text{管道模式}\\ V-P_A & \text{门户模式}\\ 0 & \text{不购买}\end{cases} \tag{6.1}$$

6.4.2 内容提供商的行为及效用

内容提供商有两种战略选择：（1）通过门户模式向用户提供内容产品；（2）在门户模式的基础上，增加管道模式。内容提供商战略选择的决策依据是利润最大化，它通过销售内容产品从而获取利润。不失一般性的情况下，假设内容产品的成本为零，这意味着所有分析的价格都相对于 0 而言的。这有利于我们在分析子博弈完美纳什均衡时，关注内容产品成本之外的一些因素，如两种模式下消费者的需求量、内容提供商的获利等因素。假设内容提供商和移动门户对于两种模式具有共同的知识，他们在管道模式下向消费者提供内容产品的成本相同。并且，移动门户已经通过门户模式向消费者提供内容产品。内容提供商在 Pr 的价格下向移动门户提供内容产品。这个价格与移动门户提供给最终用户的价格 Pi（i = A，B）相关，即 Pr = Pi - m。对于移动门户和内容提供商而言，Pi 是已知的，Pr 作为合同中的谈判价格。内容提供商两种战略选择的效用为内容产品价格与销售量的乘积，其中门户模式下的价格为 V - m，管道模式下的价格为 V（1 - δ）。

6.4.3 移动门户的行为及效用

移动门户作为一个利润最大化的实体，它从内容提供商那里购买内容产品，在一定的价格下通过管道模式或门户模式把内容产品销售给终端的消费者。移动门户有三种战略选择：（1）保持门户模式；（2）转移至管道模式；（3）同时采用上述两种销售模式。作为企业，移动门户在进行决策选择时的依据仍然遵循利润最大化原则，在本博弈中表现为追求销售数量和销售价格乘积的最大化（上面已经假设成本为零）。

6.5 博弈模型建立

6.5.1 基本假设及参数定义

模型假设 δ 在全部消费者中随机分布，F（δ）和 f（δ）分别是相应的分布函数和概率密度函数，即式（6.2）：

$$\int_{0}^{s} f(\delta)\,dt = F(S) \tag{6.2}$$

另外，假设所有消费者都属于风险规避型，即在价格相同的情况下，他们将选择门户模式获得他们所需要的内容产品。

表 6 - 1 总结了模型中使用的参数及其含义。

表 6 - 1 模型中的参数含义

参数	范围	含义
V	>0	内容产品的用户价值。
δ	0 ~ 1	管道模式下用户的风险系数。
P_A	>0	门户模式下内容产品的用户价格。
P_B	>0	管道模式下内容产品的用户价格。
P_r	>0	移动门户从内容提供商获得内容产品的价格。
m	0≤m < V	移动门户在管道模式或门户模式下的单位内容产品的增加值。

6.5.2 完全信息动态博弈模型的建立

这里首先定义一个两个阶段的完全信息动态博弈，内容提供商和移动门户在第一阶段同时行动，消费者在第二阶段采取行动。

第一阶段中，内容提供商和移动门户同时选择商务模式，并决定在相应模式下利润最大化的内容产品价格。博弈的参与者都意识到内容产品对于消费者的价值和风险因素。根据博弈理论，即使两参与者依次采取行动，在第二阶段没有完成的情况下，我们仍然可以认为参与者在第一阶段是同时行动的，不影响下文子博弈完美纳什均衡的求解。表 6－2 为内容提供商和移动门户模式选择过程中的支付矩阵。Π^c 和 Π^p 分别为内容提供商和移动门户的支付函数。可以发现，在完全信息动态博弈的第一阶段，移动门户有三种可能的选择，内容提供商有两种可能的选择，这样就形成了六种结果，而第一阶段的纳什均衡是由 Π^c 和 Π^p 决定的。

第二阶段中，消费者决定是否购买一个单位的内容产品，并且在给定的条件下选择购买的渠道和价格。最后，内容提供商和移动门户从消费者那里获得收入，实现利润。

表 6－2 动态博弈第一阶段支付矩阵

		内容提供商	
		门户模式 $P_r = V - m$	增加管道模式 $P_B = V(1-\delta)$
移动门户	保持门户模式 $P_A = V$	Π_{11}^c，Π_{11}^p	Π_{12}^c，Π_{12}^p
	转移至管道模式 $P_B = V(1-\delta)$	Π_{21}^c，Π_{21}^p	Π_{22}^c，Π_{22}^p
	同时采用两种模式 $P_A = V$，$P_B = V(1-\delta)$	Π_{31}^c，Π_{31}^p	Π_{32}^c，Π_{32}^p

6.6 子博弈完美纳什均衡（SPE）的求解

对于上述建立的两阶段完全信息动态博弈模型，可以使用逆推归纳法求解子博弈完美纳什均衡。首先算出第二阶段两种模式下总的消费者需求，然后识别第一阶段博弈参与各方的最优选择。

6.6.1 消费者需求量的估算

在没有门户模式下，如果 $P_B \leqslant V(1-\delta)$，总的管道模式的用户需求量将是 $nF\left(\frac{V-P_B}{V}\right)$，因为只有风险系数 $\delta \leqslant \frac{V-P_B}{V}$ 的那部分消费者才会通过管道模式购买内容产品。当出现门户模式的情况下，如果 $P_B \leqslant V(1-\delta)$，总的管道模式的消费者需求将是 $nF\left(\frac{P_A-P_B}{V}\right)$，如果 $P_A \leqslant V$，门户模式消费者需求量则为 $n\left[1-F\left(\frac{P_A-P_B}{V}\right)\right]$。在没有管道模式下，总的门户模式的消费者需求量是 n。面对门户的所有需求量最终都会传递给内容提供商。如果移动门户增加管道模式与内容提供商提供的管道模式竞争的情况下，管道模式消费者需求量在两个参与方之间平分。

6.6.2 求解子博弈完美纳什均衡

在已知各种模式消费者需求量和相应价格的条件下，可以求出表6－2支付矩阵中的支付函数。结果如下：

$\Pi_{11}^{c}=n(V-m)$；$\Pi_{11}^{p}=mn$

$\Pi_{21}^{c}=(V-m)nF(\delta)$；$\Pi_{21}^{p}=n(m-\delta V)F(\delta)$

$\Pi_{31}^{c}=n(V-m)$；$\Pi_{31}^{p}=n[m-\delta VF(\delta)]$

$\Pi_{12}^{c}=n[V(1-\delta F(\delta))-m(1-F(\delta))]$；$\Pi_{12}^{p}=nm[1-F(\delta)]$

$\Pi_{22}^{c}=\frac{1}{2}n[V(2-\delta)-m]F(\delta)$；$\Pi_{22}^{p}=\frac{1}{2}n(m-\delta V)F(\delta)$

$\Pi_{32}^{c}=n\left[V\left(1-\frac{\delta F(\delta)}{2}\right)-m\left(1-\frac{F(\delta)}{2}\right)\right]$；$\Pi_{32}^{p}=\frac{1}{2}n[(m-\delta V)F(\delta)+2m(1-F(\delta))]$

已经假设博弈的初始状态是内容提供商提供内容产品给移动门户，移动门户通过门户模式销售内容产品给消费者。对于移动门户而言，最佳策略是保持门户模式（获得支付函数 mn），因为，如果它转移到管道模式，则必将减少它的支付函数（$\Pi_{11}^{p} > \Pi_{21}^{p}$），同样，如果移动门户同时采用两种模式，支付函数也会变小（$\Pi_{11}^{p} > \Pi_{31}^{p}$）。然而，在移动门户保持门户模式的条件下，内容提供商的最佳策略是增加管道策略，因为，如果 $m \geqslant \delta V$，则 $\Pi_{12}^{c} > \Pi_{11}^{c}$。而当内容提供商增加管道模式的情况下，移动门户的最佳策略变为同时采用两种模式，因为 Π_{32}^{p} 大于 Π_{22}^{p} 和 Π_{12}^{p}。当移动门户同时采用两种模式的时候，内容提供商仍然会保持增加的管道模式，因为，当 $m \geqslant \delta V$ 时，$\Pi_{32}^{c} > \Pi_{31}^{c}$。由以上分析，可以得到如下假设：

假设1：当 $m \geqslant \delta V$ 时，动态博弈的子博弈完美纳什均衡是，内容提供商增加管道模式，而移动门户同时采用两种模式提供内容产品给消费者。

假设2：当 $m \geqslant \delta V$ 时，如果内容提供商没有动机增加管道模式，那么，移动门户将保持门户模式，初始状态将得到维持。

6.7 比较与管理建议

通过比较可以发现，对于内容提供商而言，门户模式可以减少用户的风险系数，但产品或服务的价格偏高；而管道模式下，内容产品或服务的价格偏低，但风险系数较大。对于移动门户，如果内容提供商保持门户模式，那么移动门户最佳的选择也是选择门户模式，这样它就可以独享整个消费者市场。

如果考虑内容提供商决定摆脱对移动门户的依赖，完全使用管道模式销售内容产品给用户。那么，它面对的需求量将是 $nF(\delta)$，在价格 $P_D = V(1-\delta)$ 条件下，获得的收益是 $\Pi_{D}^{c} = nV(1-\delta)F(\delta)$。当 $m \geqslant \delta V$ 且 $m < V[1-(1-\delta)F(\delta)]$ 时，则 $\Pi_{D}^{c} < \Pi_{11}^{c}$，因此，内容提供商不会彻底放弃门户模式，消除门户中介的存在。

从以上分析可知，假设1和假设2可以用于预测移动内容服务模式的采纳，内容产品或服务的两种销售模式之间的博弈均衡。上述均衡依赖于参数 m、δ 和 V 的取值。因为 δ 服从概率分布，则 $\delta > \frac{m}{V}$ 的概率，或者说 $1-F\left(\frac{m}{V}\right)$ 的值将决定移动内容服务的提供者会采纳何种模式为消费者提供移动内容产品。但是无论如何，一个竞争、开放的市场环境有利于移动内容服务的良性发展，有利于提高消费者的效用，因此对于政府的政策而言，任何造成运营商垄断内容产品的销售渠道，妨碍上游内容制造商直接面对用户的政策都是不可取的。

6.8　本章小结

本章主要是研究企业采纳移动内容服务模式的行为问题。从实际问题入手，分析了移动内容服务价值链主要参与者行为的选择和相应的效用，建立了一个两个阶段的完全信息动态博弈的模型，并通过逆推归纳法求解出纳什均衡解，对其现实意义进行了详细分析，给出了相应的管理建议。本章的研究为相关企业的经营决策和政府政策的制定提供理论依据，也是对移动电子商务采纳研究思路的一种探索。

第七章　移动内容服务市场扩散研究

在移动内容服务市场扩散研究中，典型变量是 T 时期移动内容服务的消费者采用量，与强调对用户反应的消费者个体采纳研究相比而言，这种分析方法更多的是强调对市场总的反应。本章把移动内容服务作为电信或移动互联网提供的一种创新产品或服务，以创新扩散理论为基础，详细分析了影响创新扩散的主要因素。由于相关行业不存在移动内容服务的统计数据，本研究根据移动终端与移动内容服务具有较强相关性的特点，建立了附随扩散模型，通过 1997—2010 年移动终端的数据，预测了移动内容服务附随移动终端扩散的趋势。

7.1　创新扩散的界定

创新扩散研究起源于不同的学科，早在 19 世纪与 20 世纪之交的欧洲社会科学，当时法国社会学和社会心理学的奠基人之一——加布里埃尔塔德对创新扩散进行了概括，称之为“模仿定律”，模仿即现在创新的采纳。目前大家普遍接受的是罗杰斯（E. M. Rogers）的定义，其经典之作是 1983 年发表的 *Innovation Diffsion*。他认为扩散是创新在一定时间内，通过某种渠道，在社会系统成员中进行传播的过程。扩散过程的本质是通过某个人把自己的新想法告诉另外一个或多个人所能传递的信息。由此，我们可以看出，扩散实际上是一种特殊类型的传播。那么一项创新的扩散必定是经过一段时间，通过特定的渠道，在某一社会系统的成员中传播。可见，创新、传播渠道、时间及社会系统是扩散的主要因素。罗杰斯（Rogers，2002）列出了包括人类学、社会学、教育学、公共卫生学、传播学、市场营销学、地理学和经济学等在内的十大研究起源。

不同学科对创新扩散有不同的定义。市场营销学和通信学倾向于将扩散定义为创新在人群之间的交流（Mahajan、Muller 和 Bass，1990），然而，该定义着重于扩散过程的某种特征，从而忽略了创新扩散可能具有的其他特点，缺乏一般性。而经济学和其他一些社会学科则把创新扩散定义为创新随着时间在社会团体间的传播（Brown，1981；Stoneman，2002），如第四版的 Webster 词典（2004）将创新扩散定义为文化、技术或某种创新通过贸易的方式从一个地区（人）传播到另外一个地区（人）。目前来看，罗杰斯（Rogers，2002）的界定相对较为权威：创新扩散是一种创新通过某种渠道随着时间推移在社会系统成员中传播的过程，与其他扩散过程的不同之处在于，扩散的对象对于采用创新的个人或单位而言具有新奇性和不确定性。从上述定义可知，创新扩散过程具有四个基本要素，分别是创新、传播渠道、时间和社会系统。

创新扩散首先要有一项创新，它对社会个体而言是“新奇”的，同时，该创新本身所具有的特征对它的扩散过程有很大影响，社会系统成员感受到的创新特征决定了采用速度。罗杰斯将这些创新特征归纳为：相对优势、协调性、复杂性、可试用性和可观察性。其中，相对优势是创新与被替代的东西相比好的程度。并不要求客观上有很大的优势，重要的是个体感受到创新具有优势。协调性是感知到的创新与现有价值观、过去经历和潜在采用者的需要保持一致的程度。复杂性是感受到的创新易于理解和使用的程度。可试用性指的是在一定范围内创新可以试用的程度。可观察性是创新结果能够被他人观察到的程度。一项创新，如果潜在采用者认为其相对优势大、协调性好、可试用性强、采用结果好观察、复杂性较低，那么该创新比较容易被采用和扩散。

一项创新是被相关的个人或团体视为新颖的一个构想、操作或是服务。因而，新产品/服务本身即是属于创新范畴之内。从消费者的反映程度来看，可以分为连续型创新、动态连续型创新和不连续型创新三类。传播渠道是指信息从一个个体传向另一个个体的手段。一般而言，有大众传播和口头沟通两种传播手段。在扩散过程中的时间由创新决策过程和采纳速度决定。创新的决策过程是个体从知道一项创新并且采用还是拒绝该创新所经历的过程；而创新采纳的速度通常指给定时间内该系统中采用创新的人数，系统中不同个体采用创新更早或更晚的程度。一个社会系统是一组相互联系的面临共同问题、有着共同目标的单位。扩散必定发生在一个特定的社会系统之中，社会系统限定了创新扩散的范围。

电信信息服务产品扩散，是指一种创新的电信信息服务产品通过一种或几种渠道在社会系统的各成员或组织之间随时间传播，并被潜在消费者采用的过程，也就是说电信信息服务产品上市后逐渐扩张到潜在市场的各个角落的过程。这是建立在技术创新扩散理论基础之上的一种特殊产品的扩散，具有一般技术创新扩散的共性。

移动内容服务作为一种电信信息服务产品，其扩散同样包含着创新、传播渠道、时间和社会系统这几个要素。进入产品扩散领域的电信信息服务产品都是一种创新性产品或服务，或者是一种完全新颖的产品或服务，如刚刚诞生的一种新的电信信息服务产品，或者是在原有产品之上的更新换代；电信信息服务产品到达消费者手中总是通过一定的传播渠道，这是产品扩散不可或缺的中介条件，如上文所述，时间是电信信息服务产品扩散不可忽视的一个要素，如何在有限的时间内进行无限的扩散，最大化电信信息服务产品的价值，是电信运营企业需要考虑的一个问题。任何产品的扩散都是在一定的社会系统中进行的，电信信息服务产品当然也不例外，这一社会系统主要指电信信息服务产品扩散的环境，它由一群彼此互有联系且有某种共同目标或特征的单元组成。

一般认为，随着扩散过程的进行，存在“采用的递增收益”现象（Arthur，1988），即随着创新采用的增多，创新本身将变得越来越有吸引力。递增收益的来源主要有：（1）信息的积累效应。随着可利用信息的增多，采用创新的不确定性和风险渐趋下降。（2）“用中学”（Learning by using）。经常是创新越被采用，就越有机会得到进一步的开发和改进。（3）网络外在性（Network Externalities）。经常是创新的用户越多，加入用户网络就越有吸引力。（4）生产中的“干中学”（Learning by doing）和规模经济。对于产品创新的扩散，常常要考虑供给方面的影响。而供给方面提供新产品/服务越多，它的经验就会越丰富，同时还会产生一定的规模效应。(5) 相互关联效应。当一种创新被广为采用时，就会发展出很多相关技术、服务的扩散，而两者的扩散相互影响。

7.2　产品/服务创新扩散的影响因素

7.2.1　产品/服务创新扩散的模式

在企业的产品或服务创新过程中，企业一旦细分了市场，选择了它的目标顾客群体，确定了所希望的市场位置，它就准备开发和推出合适的产品或服务。对于创新的产品或服务的市场扩散问题，图 7－1 给出了创新产品/服务在各个阶段的成功率，并根据 Mansfield 的研究描述了各阶段的费用情况。

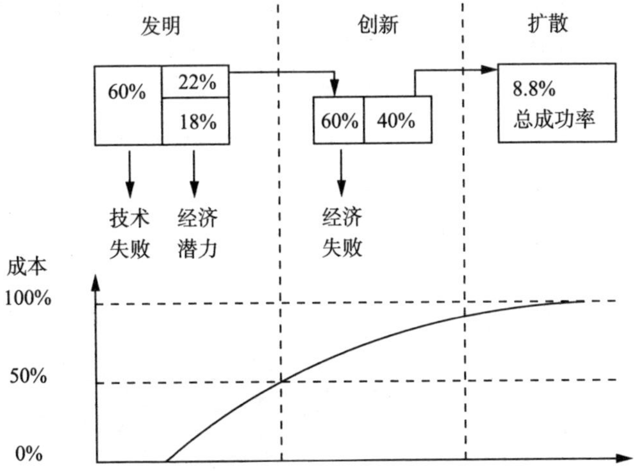

图 7－1　创新产品/服务扩散成功率示意图

另外，从图 7－2 中可以看出，创新产品扩散过程主要受到三方面的因素的影响，这既有市场结构方面的，企业本身的决策的，也有消费者等方面的影响。因此，对于创新产品扩散来说，其扩散条件是该创新产品能满足于用户的需求；扩散系统内的动因来自于创新产品市场中其他企业的竞争产品压力；而扩散系统外的动力来自于国家的政策因素的影响。这样，结合如创新产品扩散静态结构示意图，也可以从演化角度把创新产品扩散理解为在不确定性、有限理性和市场结构内生性等条件下，通过一定的渠道在社会系统成员之间作为一个非均衡的扩散过程。

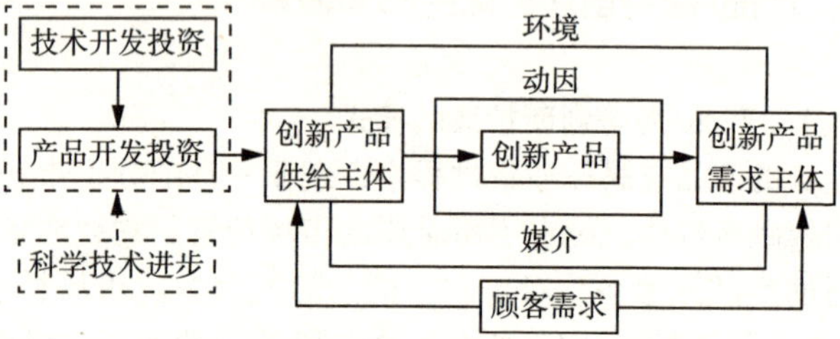

图7－2　创新产品/服务扩散的静态结构

创新扩散的传播渠道基本上分为两种：大众媒体和人际关系网络。大多数个体评估创新的价值不是以专家的科学研究为基础，更多人是通过已经采用该创新的其他同伴的主观评价。扩散本质上是

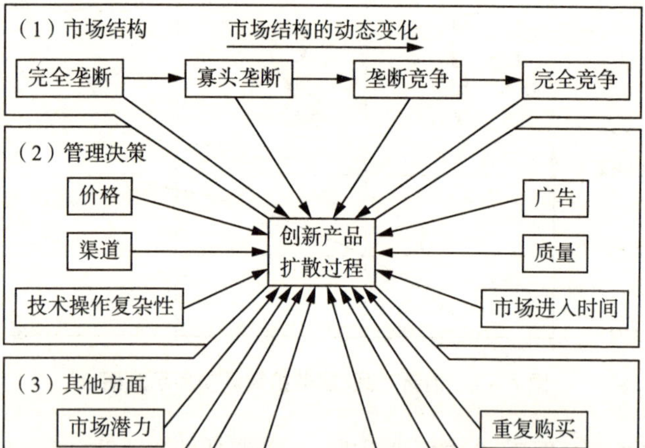

图7－3　影响创新产品/服务扩散的主要因素

一个通过人们之间的交流来传播创新观念的社会过程。采用创新的决策过程是一个通过自己或他人首先获得关于创新的基本知识，其次形成对创新的态度，接着决定采用还是拒绝，在决定采用后开始实施新观念，最后确认决策的心智过程。已有研究表明大众媒体在开始阶段促使创新被人们广泛了解方面很有效，人际关系渠道在形成和改变对于新观念的态度方面更有效，从而影响到采用还是拒绝这种新观念。如 Sultan 等人（1990）收集了 1957—1987 年 15 篇研究社会扩散问题的实证文章，计算了人际关系影响系数和外部因素的影响系数，指出了二者对人们采用创新的影响。

7.2.2 产品/服务创新扩散的影响因素

环境因素是创新扩散的外围影响因素之一。环境因素包括宏观环境、市场环境、企业内部环境。宏观环境指社会、政治（政治体制、经济管理体制、政府与企业的关系等）、规章、经济发展状况（社会购买力、消费者收入与支出等）、科学技术的发展程度、交通运输条件、潜在进入者、不稳定的行业需求、行业法规、产业政策的变化趋势，以及诸因素的不确定性和变化速度，如图 7 - 3。市场环境指供应商、客户和公司直接打交道的利益相关者（经销商、代理商、批发商、零售商等）、产业内竞争强度、替代技术和产品、消费观念的变化。企业内部环境指市场主导程度、财务状况、营销规模、营销部门对其他部门的依赖程度、营销任务的性质、营销部门的产权结构和客户的产权结构、营销策略、营销体系的信息网络技术平台等。

时间在创新扩散中是一个很重要的要素，它影响了创新扩散的速度和模式。扩散速度指的是社会系统中一定比例成员采用该项创新需要的时间，扩散模式指的是累计采用创新的成员比例随时间变化的过程。用横轴表示时间，纵轴表示累积采用比率，得到的曲线叫扩散曲线，扩散曲线的形状一般呈 S 形。此外，还可以利用创新时间早晚来衡量社会系统成员的创新性。创新性是个体比社会系统中其他个体更早采用新观念的程度。根据社会系统成员的创新性，把他们分为创新者、早期采用者、早期大多数、晚期大多数和落伍者五类。但这种观点也存在较大的缺陷，即假设最终所有的潜在消费者都采用，因此扩散模式均是服从 S 形曲线，因此不能够解释为什么有些创新扩散成功了，而为什么还有一些创新却扩散失败（Mahajan 等人，1990）。

社会系统要素界定了创新扩散的范围，创新采用主体是社会系统中的成员，成员之间的人际关系网络影响了创新信息的传播、成员之间的决策相互影响。Baybeck（2002）利用扩散理论考察了城市中的地理空间网络对有关总统选举的政治信息传播的影响，发现空间分散的网络并不必然导致政治多样性，但更容易把具有不同社会、经济和政治背景的人联系起来。

很多证据表明空间变量影响了新技术的扩散，如果新技术扩散依赖公司之间的学习，存在认知外部性，地理上的近似性有利于新技术的扩散。Baptista（2001）建立一个包含采用者区域密度的实证扩散模型，研究了地理近似性对创新扩散的影响，结果表明在采用决策上表现出明显的区域学习效果，这种效果在扩散早期尤为明显。Finholt（2002）则指出社会系统中的意见领导者在创新扩散过程中扮演重要角色，在关于医疗创新扩散的受控试验表明，首先确定社区中的意见领导者，然后把创新推荐给这些意见领导者，再由意见领导者推荐给其他人，结果扩散速度比直接把创新向社区人群推广快。大量研究在创新扩散理论基础上开发出不同的扩散模型，并据此从不同角度对创新扩散的影响因素、扩散时间和扩散模式等问题进行了深入研究。随着创新扩散研究的深入，这些扩散模型拓展并推动了创新扩散的理论基础、研究方向和方法论。

信息沟通的渠道也影响着创新的扩散。目前，信息沟通渠道大致可分为两种形式，即人员与非人员。人员信息沟通渠道是指两个或更多的人相互之间直接进行信息沟通。人员信息沟通渠道可以进一步区分为提倡者渠道、专家渠道和社会渠道三种形式。非人员信息沟通渠道通常是指无须人与人的直接接触来传递信息或影响的媒体。非人员信息沟通渠道也可以分为三种主要形式，即大众及选择性媒体、气氛和事件。一般而言，传播渠道分为大众传播和人际传播（口头传播）。大众传播渠道与人际传播渠道的效应与效果有相当明显的区别，这种差别在一定程度上限制着营销沟通者意图的表达和目标的实现。不过，人际传播渠道与大众传播渠道之间亦非针锋相对，相互排斥在新产品/服务的市场扩散中，研究发现，信息的流动分为两级，创新产品/服务常常是从宣传媒体传递到舆论领袖，然后再从舆论领袖流向追随者，从而构成两级流动模型。大众传播在消费者对新产品/服务的认知阶段相对更重要，对新产品市场扩散的导入期产生显著影响。而人际传播（口头传播）在新产品、服务的劝说阶段相对更重要，对新产品/服务市场扩散的成长期产生显著影响。

影响创新产品扩散过程的因素是很多的。因此，若设 N（t）表示 t 时创新产品的采用量，则创新产品/服务扩散的普适模型为：

$$\frac{dN(t)}{dt} = f(p(t), A(t), D(t), \tau, r, \bar{N}, \ldots\ldots)$$

其中，N（t）表示 t 时刻创新产品或服务的采用量；p（t）表示 t 时期的价格水平；A（t）表示 t 时期的广告水平；D（t）表示 t 时期的分销渠道水平；τ 表示创新产品或服务的市场进入时间；r 表示创新产品或服务的重复购买率；$\bar{N}$ 表示创新产品或服务的市场潜力。

7.3　移动内容服务扩散的理论基础

对于信息产业中的移动服务而言，新技术和新产品首次商业化的创新成果通过一定的渠道和途径在潜在采用者之间进行传播、采用和推广，并且通过采用者之间的扩散、采用者内部的扩散和由两者叠加的扩散，是技术创新再次应用和多次应用，最终促进了社会经济的发展。根据产业发展规律的研究，移动内容服务作为一种新的产品或服务，其扩散的轨迹和发展的模式可以运用技术创新扩散的相关理论和新产品、服务的扩散模型来研究。因此，创新扩散的相关理论为研究本文所关心的移动内容服务的扩散奠定了坚实的理论基础。

1969 年，Frank M. Bass 通过对 11 个耐用品的市场扩散研究，提出了耐用品的首次购买模型（F. M. Bass，1969），简称 Bass 模型。

Bass将采用者分为两个群体，一个群体只受大众媒体的影响，另一个群体只受口头传播的影响，Bass将前者称为创新者，后者称为模仿者。通过大众媒体获取新技术信息从而利用新技术的用户数量随着新技术的扩散会逐渐减少；而通过个人间口头沟通获取技术信息从而利用新技术的用户数量会先增加，达到峰值后逐渐减少。

该模型的原理非常简单，即假设在t时刻，将来采纳新产品的比例与已经采纳新产品的比例呈线性关系。因此有式（7.1）：

$$P(t) = p + \frac{q}{m}N(t) \tag{7.1}$$

其中P（t）是t时刻将采纳的新产品数量，p和q/m均为常数。m为首次购买的最大市场潜力，N（t）是t时刻以前已经采纳新产品的积累数。由于t=0时，N（0）=0，则P（0）=p，P（0）表示在t=0时刻的采用者比率。根据前面的假设，p的值反映了新产品的创新采用者对产品扩散的影响，而（q/m）N（t）的值反映了已采纳者对模仿者的影响。Bass模型的基本表达式，如式（7.2）：

$$f(t) = [1 - F(t)][p + qF(t)] \tag{7.2}$$

其中，f（t）是指第t时刻采用者的采用速度或称为非累积采用者比例，非累积采用者比例是指t时刻增加的采用者人数占全部采用者的比例；F（t）是指t时的累积采用者比例，即为从产品扩散开始的0时到t的累积采用者占全部采用者的比率，且有 $\int_0^1 f(t)dt = F(t)$ 。累积采用者指从扩散开始0时到t时采用者的累积量，非累积采用者指t时刻采用者的增加量。

如果，令 $mf(t) = n(t)$，

$$\int_0^1 n(t)dt = N(t)$$

其中m表示全部采纳者总数（即市场的最大潜力），则n（t）即为t时增加的采用者人数，而N（t）为到t时累积采用者人数，且N（t）=mF（t）。因此Bass模型可改写为式（7.3）：

$$n(t) = \frac{dN(t)}{dt} = p[m - N(t)] + \frac{q}{m}N(t)[m - N(t)] \tag{7.3}$$

Bass模型将p视为创新系数，q视为模仿系数，方程（7.3）为一阶微分方程，积分后即可得到S型累积采用者曲线N（t）。

由于 Bass 模型结构简单，并且其模型参数有明确的经济意义，因而得到了众多的学者及市场管理者的认可，后来发展的众多的创新扩散模型，都是以 Bass 模型为基础进行的扩展研究。

Bass 模型其中一个重要的假设就是一种产品的扩散是独立于其他产品的，一个创新的采用不会补充、替代、减损、提高其他任何创新的采用（反之亦然）（Peterson & Mahajan，1978）。Bass 模型认为产品的扩散过程是一个独立的过程，不受其他产品扩散的影响，这显然是不符合实际的。随着经济全球化和科技的不断进步，新技术和新产品不断涌现，产品或技术之间不再是独立的关系，而是存在着或多或少的关联，其他产品或技术的存在可能对该产品或技术的扩散有正的或负的影响。一项技术创新的扩散会受到市场上其他新产品或者其他已有产品的影响，这种关系有很多种，有时是伴随扩散关系。比如说要考虑汽车行业的发展，不得不将人口与驾照的情况考虑在内。再比如，计算机硬件和软件的附随扩散关系，任何一个产品的发展都会对其相关产品产生影响；有时是相互替代的关系，例如互联网上网方式的更新换代；有时是相互竞争的关系，例如 Ashutosh Prasad 和 Vijay Mahajan（2003）对市场上的正版软件和盗版软件在软件扩散问题的关系与问题进行了研究，表明了两者的竞争扩散关系；有的是附随扩散的关系，例如计算机用户和互联网用户，以及网上购物用户的扩散关系，也就是说，后者的扩散是建立在前者扩散的基础上的，两者是附随扩散关系。在实际中，如果我们单独的研究某一种技术或产品，仍然直接采用 Bass 模型，就不能真实地反映出这类产品或技术的扩散规律，可能会偏离实际的扩散规律。因此有必要将这些相关关系考虑到产品扩散模型的研究中。

事实上，人们越来越重视高新技术产业中的附随扩散关系。以移动终端用户为例，激烈的市场竞争促使移动运营商从简单的语音业务的竞争转向了移动增值业务的竞争。这种转变使得很多移动终端用户发展成为移动互联网用户，这里移动增值业务用户的扩散是以移动终端用户为基础的，并受其制约，与移动终端用户的扩散是附随扩散关系。

研究移动内容服务的扩散，不能不将移动终端的扩散考虑进去，两者是附随扩散的关系，也就是说移动内容服务的扩散是受移动终端扩散的影响，两者是附随扩散的关系。Peterson 在研究网上商店扩散时发现，网上商店扩散的最大市场潜力是变化的，在任意时间 t，网上商店的最大市场潜力应为此时 Internet 用户数。同理，如果研究移动内容服务用户的扩散规模，应该考虑进移动终端用户的扩散情况，移动内容服务用户规模的市场潜力是变化的，任意时间 t 的最大市场潜力应是此时移动终端用户的数量。针对附随扩散关系的特点，本文对其进行了界定，即其中一种技术或产品的扩散是建立在另一种技术或产品扩散基础之上，并且发展规模也受相关技术或产品扩散的制约。

关于附随扩散模型的研究，有很多文献对相关领域进行了研究，也为本文选择附随扩散模型奠定了理论基础。早在 1978 年，Mahajan 和 Peterson 就曾经给出产品的附随扩散模型，他们的主要成果是构建了四层附随扩散模型，分别为基础产品、补充产品、附随产品和替代产品的扩散关系。该模型认为，如果购买者先前购买过某种产品，那么他将成为其相关产品的潜在购买者，一个产品的扩散情况直接受其附随产品扩散的影响。1987 年，Mahajan 和 Peterson 曾经给出了加密软件的附随扩散的研究成果，并对其进行了实证研究。

Bayus（1987）采纳了 Mahajan 和 Peterson 的思想，将市场潜力认为是不变的，考虑了 CD 盘和 CD 播放机的附随关系，构建了附随扩散模型。Bucklin（1993）对印刷在包装上的通用产品编码（Universal Produet Code）和超市中的激光扫描仪的附随扩散关系进行了研究，发现附随扩散产生的作用要比创新本身的作用更强烈。Kalish 等（1985）使用两个 Bass 模型（竞争者 1 和竞争者 2）对相互竞争的两种产品的扩散情况进行了研究，指出一项技术创新进入市场往往会有相应的产品与之竞争，并建立了竞争产品的附随扩散模型。

在对产品之间的附随扩散关系进行研究的过程中，Peterson 和 Mahajan 模型是比较有代表性的模型之一。基于附随产品扩散的特点，在 Bass 模型的基础上，Peterson 和 Mahajan（1978）提出附随扩散模型，模型如式（7.4）和式（7.5）所示：

$$\frac{dN_1(t)}{dt} = (p_1 + \frac{q_1}{m_1}N_1(t))(m_1 - N_1)(t) \tag{7.4}$$

$$\frac{dN_2(t)}{dt} = (p_2 + \frac{q_2}{N_1(t)}N_2(t))(N_1(t) - N_2)(t) \qquad (7.5)$$

其中，第一个方程即为 Bass 模型，作为基础产品扩散模型；第二个方程是附随产品的扩散模型，由 Bass 模型推导而来，附随产品的最大市场潜力 m_2 由基础产品的扩散累积量 N_1（t）替代，此时附随产品扩散模型的最大市场潜力不再是常数，而是时间的函数 N（t）。上述方程的参数 m_1、p_1、q_1、p_2、q_2 共计 5 个，意义同 Bass 模型。两个方程分别代表基础产品的扩散模型和附随产品的扩散模型。该扩散模型的核心思想是附随产品的市场潜力是可变的，并且为 N_1（t）。

7.4 移动内容服务附随扩散分析

7.4.1 移动终端 Bass 扩散模型

根据中华人民共和国工业和信息化部电信业统计数据①显示，中国 2010 年移动电话用户已达 8.59 亿，移动电话普及率达到每百人 64.4 部，中国已成为全球最具发展潜力的移动电话市场。较高的网络覆盖率、移动电话价格及其通信成本的降低以及不断丰富的各类移动应用等原因都极大地刺激了用户需求。移动终端用户数的逐年增长为移动运营商和众多的移动增值服务提供商的发展提供了更多的机会，移动内容服务的市场扩散与移动终端用户数量的发展趋势有着非常密切的联系。

1. 中国移动终端用户数量的发展阶段

中国在 1987 年开始投入运营移动通信，用户数一直保持较高的增长。从中国移动终端用户发展的历史数据来看，可以大致分为以下三个阶段：1987—1995 年、1996—2000 年、2001 年至今。

图 7－4 中的历史数据显示第一阶段用户基数较低，但增长率很高，始终保持在 100% 以上。这期间移动电话价格昂贵，消费较高，使用移动电话是一种财富、地位的象征，个人用户较少。

---

① 中华人民共和国工业与信息化部，电信业统计月报。

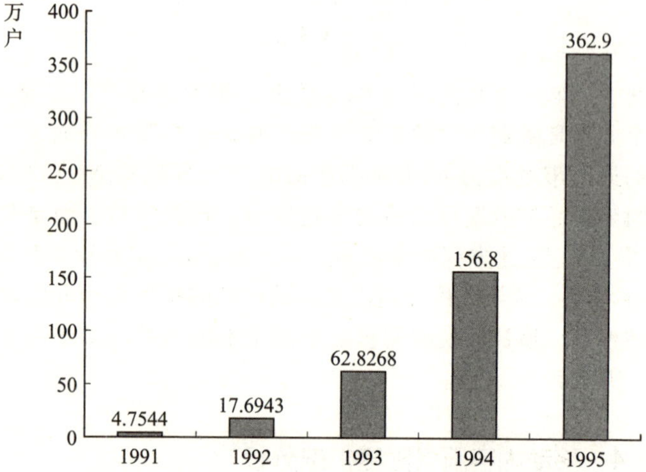

图 7-4　第一阶段（1991—1995 年）移动终端用户数增长

第二阶段随着数字移动通信的发展，移动电话逐渐成为一种大众化的消费品，个人用户比例逐渐提高。由于用户基数较大，因此增长率开始降低，但仍保持较高的水平，如图 7-5。

第三阶段，这一阶段竞争起到了主要作用，中国联通的 CDMA 网络与中国移动形成有力的竞争态势。随着移动电话价格的进一步下降，移动电话在这一阶段迅速普及。中国移动电话用户数在 2003 年达到 2.569 亿户，超过固定电话用户数 2.551 亿户。至此，移动电话开始逐渐成为中国最主要的一种通信方式。

2. 移动终端 Bass 扩散模型

众多创新扩散文献表明，移动终端的扩散过程大致遵循 S 形曲线扩散，起初缓慢上升，被采用后则加速上升，过了转折点后涨幅趋缓，达到饱和值后，增长更加缓慢（Rouvinen P.，2006；Gruber H. & Verboven F.，2001；Sangwan S. & Pau L.，2005）。在 S 形曲线模型中 Bass 模型是一种被广为应用的扩散模型。它可以利用新产品的前期数据进行预测并能估计出达到峰值的时间。众多文献对 Bass 模型及其扩展模型都进行了验证，大部分结果都证明了模型的有效性，因此利用 Bass 模型对中国移动电话的扩散趋势进行研究是可行的。

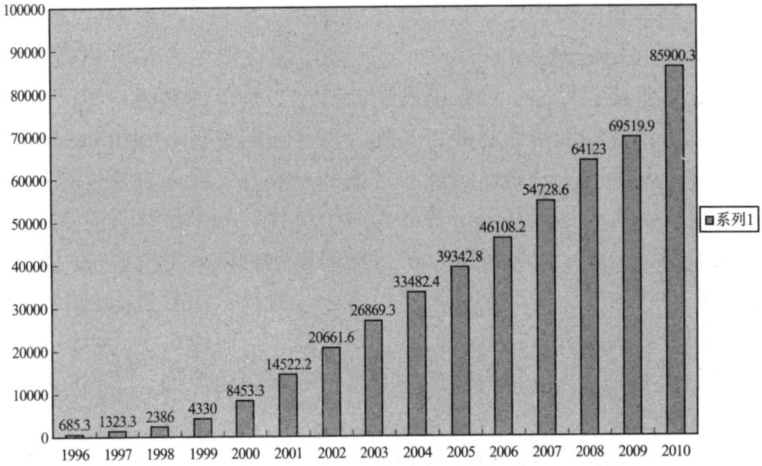

图 7－5　1996—2010 年中国移动终端用户发展趋势

近些年来对 Bass 模型的研究主要包括以下几类：第一，对 Bass 模型的改进研究。Bass 模型只考虑了一种产品的采纳和扩散过程，而没有考虑产品的更新换代特征，以及市场上新产品与其他产品之间存在的替代或其他相连关系。有关学者在 Bass 模型基础上提出了多代产品扩散模型及多产品扩散模型（Norton J. A.，1987）；第二，对模型参数估计方法的研究。Bass 模型需要估计 3 个参数，一般估算方法有普通最小二乘法、非线性最小二乘法等。有关学者对参数估计进行了相关研究，进一步提高参数估计的准确性（Daisuke Satoh，2001）；第三，在模型中考虑到市场营销组合变量对扩散的影响，包括价格、广告、营销渠道、促销以及营销组合研究。

很显然，对模型的结构及模型参数估算算法等的研究都很重要，这些研究会直接影响模型拟合效果。也有相关文献对模型中市场最大潜力这个参数进行了相关研究。但在对中国移动终端用户研究的相关文献中发现对市场最大潜力的估计都比较保守，对比文献中的预测结果与近几年的实际数据发现，实际数据已经超过了估计的市场最大潜力。因此本研究以 Bass 模型为基础考虑市场潜力的可变性，分析不同市场潜力下模型预测结果的变化。

Bass 模型假设一项新产品投入市场后，它的扩散速度主要受到两种传播途径的影响，一是大众传播媒介，如广告等影响，又称为外部影响（External Influence），它传播产品性能中容易得到验证的部分，如价格、尺寸、色彩以及功能等；二是口头交流，即已采纳者对未采纳者的宣传等影响，又称为内部影响（Internal Influence），它传播产品某些一时难以验证的性能如可靠性、使用方便性以及耐用程度等。Bass 据此将采用者分为两个群体，一个群体只受大众媒体的影响，另一个群体只受口头传播的影响，Bass 将前者称为创新者，后者称为模仿者。通过大众媒体获取新技术信息从而利用新技术的用户数量随着新技术的扩散会逐渐减少，而通过个人间口头沟通获取技术信息从而利用新技术的用户数量会先增加，达到峰值后逐渐减少。

对移动用户扩散的研究可以认为是采用者首次购买创新产品，可以应用 Bass 模型。因为对于移动用户统计数据重复购买的可能性很小，一个人同时申请两个或以上用户的情况较少。如果 M 表示最大市场潜量，N（t）表示 t 时刻累积采用者数量，p 表示外部影响系数，q 表示内部影响系数。则 Bass 模型可以表示为式（7.6）：

$$N(t) = M\frac{1-e^{-(p+q)t}}{1+\frac{q}{p}e^{-(p+q)t}} \tag{7.6}$$

而 t 时刻采用新产品的人数 n（t）则表示为：

$$n(t) = \frac{dN(t)}{dt} = p[M-N(t)] + \frac{q}{M}N(t)[M-N(t) = p*M+(q-p)*N(t) - \frac{q}{M}*N(t)^2$$

则：累积采用者人数达到峰值的时间 T* 为式（7.7）：

$$T^* = \frac{1}{p+q}\ln(\frac{q}{p}) \tag{7.7}$$

其中，P［M－N（t）］代表创新者，（q/m）＊N（t）［M－N（t）］代表模仿者。

3. 数据分析

（1）样本数据

本文选择中国移动用户的采纳人数作为样本数据，数据来源于中国工业和信息化部的官方网站，数据量较为丰富。本文选取中国移动电话个人用户快速发展的第二、三阶段进行研究。

(2) 数据起始点的选择

对于数据起始点的选择，Bass 模型认为要满足大于 p * m 的值，根据中国学者杨敬辉研究，认为从 1997 年以后开始选择用于 Bass 模型的数据序列较为合适。因此本文选取 1997 年到 2010 年共 14 个数据进行研究，如表 7 - 1。

表 7 - 1 中国 1997—2008 年移动电话用户数

时间	移动电话用户数（万户）	时间	移动电话用户数（万户）	时间	移动电话用户数（万户）	时间	移动电话用户数（万户）
1997	1323.3	1998	2386	1999	4330	2000	8453.3
2001	14522.2	2002	20661.6	2003	26869.3	2004	33482.4
2005	39342.8	2006	46108.2	2007	54728.6	2008	64123
2009	69519.9	2010	85900.3				

(3) 参数估计

模型需要估计 3 个参数，最大市场潜量 M，外部影响系数 p 和内部影响系数 q。

① 最大市场潜量 M 的估计

2010 年的中国人口总数为 13.4 亿人，截至 2010 年年底中国移动终端用户数已达到 8.59 亿，移动终端普及率为 64%。在以往的文献中，考虑中国作为一个发展中国家，最大市场潜量一般选择为人口总数的 60% ~70%，但是我们看到中国在 2010 年的移动终端用户数就已经达到人口总数的 64%，而中国的 3G/4G 还刚刚起步，市场还在培育阶段，因此市场潜力仍有很大的上升空间，因此我们考虑移动电话普及率为 70%、80% 和 90% 的情况来估计中国移动终端用户最大市场潜力 M，M 值分别为 9.38 亿、10.72 亿和 12.06 亿。

② 外部影响系数 p 和内部影响系数 q 的估计

由于历史数据比较充足，因此可采用的参数估计方法有普通最小二乘法和非线性最小二乘法等。普通最小二乘法是最早用于 Bass 模型的参数估计方法，但是研究结果表明，非线性最小二乘法比普通最小二乘法在统计上更为有效（Srinivasan V. et al，1986;）。对于 p 和 q 的估计，本文采用非线性最小二乘法进行参数估计，p 和 q 的取值区间为［0，1］。先采用普通最小二乘法利用中国 1991—2008 年的历史数据进行估算，得到 p 和 q 的初始值为 0.009 和 0.36。然后采用非线性最小二乘法估计 p 和 q 的值为 0.02 和 0.28。

4. 模型预测

考虑最大市场潜量 M 的变化对未来预测值的影响，选取 3 个 M 值利用 Bass 模型进行拟合预测，结果如表 7－2 所示。

表 7－2　不同 M 值的数据拟合情况

时间	实际值	计算值 M＝938	计算值 M＝1072	计算值 M＝1206
1997	13.23	21.38	24.43	27.49
1998	23.86	48.74	55.70	35.07
1999	43.30	83.18	95.06	63.92
2000	84.53	125.65	143.60	103.63
2001	145.22	176.71	201.95	156.97
2002	206.62	236.24	269.99	226.28
2003	268.69	303.25	346.57	312.60
2004	334.82	375.72	429.40	414.57
2005	393.43	450.81	515.21	527.76
2006	461.08	525.21	600.25	645.08
2007	547.29	595.77	680.88	758.31
2008	641.23	659.93	754.20	860.35
2009	695.20	716.08	818.38	946.75
2010	859.00	763.62	872.71	1016.14
2011		802.73	917.41	1069.55
2012		834.17	953.34	1109.32
2013		858.96	981.67	1138.21

7.4.2 基于移动终端的移动内容服务附随扩散分析

1. 附随扩散模型建立

从上面对移动内容服务和移动终端用户扩散的情况分析得出，两者是附随扩散的关系，移动内容服务的扩散规模是以移动终端的扩散规模为上限，由于两者扩散在时间上存在滞后效应，也就是说，移动终端发展到一定规模才出现了移动内容服务，两者并不是同时扩散的。针对所研究对象的特点，附随扩散假设附随产品的采纳者首先是其基础产品的采纳者，并揭示了产品/服务之间相互依赖、相互影响的扩散关系。根据前面的分析可以知道，模型中的市场潜力是一个随时间变化的函数，结合附随扩散产品的特点，在 t 时刻附随产品/服务的最大市场潜力应该是其基础产品/服务 t 时刻的累计数，设 F（t）为 0 到 t 时刻采纳者的累计比例，由此可以得出，到 t 时刻已采纳者数量 N（t）可以表示为 N（t）= mF（t），所以得到以下两个方程，如式（7.8）和式（7.9）所示：

$$N_1(t) = m_1F_1(t) \tag{7.8}$$

$$N_2(t) = m_2F_2(t) \tag{7.9}$$

下面首先分析附随产品与基础产品同时扩散的情况，根据以上对市场潜力的分析，附随产品扩散模型中 m_2 可表示为式（7.10）：

$$m_2 = N_1(t) = m_1F_1(t) \tag{7.10}$$

同步扩散时，可求得附随产品/服务的扩散模型为式（7.11）：

$$N_2(t) = m_1F_1(t)F_2(t) \tag{7.11}$$

其中：$F_1(t) = [\frac{1 - e^{-(p_1+q_1)t}}{1 + \frac{q_1}{p_1}e^{-(p_1+q_1)t}}]$

$$F_2(t) = [\frac{1 - e^{-(p_2+q_2)t}}{1 + \frac{q_2}{p_2}e^{-(p_2+q_2)t}}]$$

实际中，很多产品/服务并不是同时扩散的，有时要在基础产品扩散一定的时间后，附随产品才开始扩散，两者在时间上会有一段延迟。如移动通信用户的发展主要以语音通话为主，随着移动通信技术的发展，逐渐出现了移动增值业务，移动通信用户中出现了很多移动上网用户。移动上网的扩散与其所依赖的基础产品移动用户的扩散在时间上有一段延迟。再比如说，计算机的发展推动了互联网的发展，两者之间有一段延迟，互联网的飞速发展又出现了网上购物。对于这种情况，附随扩散模型还得将延迟参数考虑进去。下面分析有延迟的情况。

假设附随产品的扩散比基础产品的扩散延迟时间是 σ，则对于任意时间 t 时，附随产品的扩散模型所对应的最大市场潜力为 t + σ 时的基础产品扩散的累计量，即 N_1（t + σ），此时，附随产品扩散模型的表达式为式（7.12）和式（7.13）：

$$N_1(t) = m_1 F_1(t) \tag{7.12}$$

$$N_2(t) = m_1 F_1(t + \sigma) F_2(t) \tag{7.13}$$

所以此时基础产品的扩散模型为式（7.14）：

$$N_1(t) = m_1 \left[\frac{1 - e^{-(p_1+q_1)t}}{1 + \frac{q_1}{p_1} e^{-(p_1+q_1)t}} \right] \tag{7.14}$$

附随产品的扩散模型为式（7.15）：

$$N_2(t) = m_1 \left[\frac{1 - e^{-(p_1+q_1)(t+\sigma)}}{1 + \frac{q_1}{p_1} e^{-(p_1+q_1)(t+\sigma)}} \right] \left[\frac{1 - e^{-(p_2+q_2)t}}{1 + \frac{q_2}{p_2} e^{-(p_2+q_2)t}} \right] \tag{7.15}$$

2. 数据分析

对附随扩散模型的结构进行分析后发现，该模型曲线的形状呈 S 形，并以最大市场潜力为增长的极值。在理想状态下，附随扩散产品扩散的最大市场潜力应与其所依赖的基础产品扩散最大市场潜力相等。附随扩散产品的市场潜力的时间函数曲线存在一个拐点，经过拐点后逐渐达到饱和水平。

本研究选择 1997 年作为移动手机用户模型研究的起始点，以 2002 年作为移动内容服务用户模型研究的起始点。这样选择是因为，在 Bass 模型中，要求数据序列的起始点的选择要满足大于 m * p 的值，而这两个参数的获得，往往都是使用数据序列估算的结果，在拟合模型之前并不知道，因此这需要参考相类似产品的参数值，或者先不剔除任何数据点，直接对模型进行拟合，然后根据参数的估算值确定时间序列的起始点。本文采用第二种方法选择初始点。

对移动终端用户要求初始点的选择必须大于 m * p，所以选择 1997 年为初始点，而移动内容服务用户必须大于 0.019 亿户，所以以 2002 年为初始点，两者扩散的时间差为 $\sigma = 2002 - 1997 = 5$。

另外，由于多层附随扩散模型参数较多，Norton 和 Bass（1987）在对产品更新换代扩散的处理中近似的认为 $p = p_i$，$q = q_i$，这样大大地减少了多层附随扩散模型的参数，简化了参数的估计工作。本研究也采用 Norton 和 Bass 的方法进行参数估计。数据处理的结果如表 7－3 与图 7－6 所示。其中 C1、C2、C3 分别对应于 M = 938、M = 1072 和 M = 1206 时的移动内容服务的市场采纳数量。

表 7－3　不同 M 值的移动内容服务附随扩散趋势预测

时间	M = 938	M = 1072	M = 1206	C1	C2	C3
1997	21.38	24.43	27.49	0.00	0.00	0.00
1998	48.74	55.7	35.07	0.00	0.00	0.00
1999	83.18	95.06	63.92	0.00	0.00	0.00
2000	125.65	143.6	103.63	0.00	0.00	0.00
2001	176.71	201.95	156.97	0.00	0.00	0.00
2002	236.24	269.99	226.28	11.81	13.50	11.31
2003	303.25	346.57	312.6	30.33	34.66	31.26
2004	375.72	429.4	414.57	56.36	64.41	62.19
2005	450.81	515.21	527.76	121.72	139.11	142.50
2006	525.21	600.25	645.08	199.58	228.10	245.13
2007	595.77	680.88	758.31	333.63	381.29	424.65
2008	659.93	754.2	860.35	508.15	580.73	662.47
2009	716.08	818.38	946.75	615.83	703.81	814.21
2010	763.62	872.71	1016.14	671.99	767.98	894.20
2011	802.73	917.41	1069.55	722.46	825.67	962.60
2012	834.17	953.34	1109.32	759.09	867.54	1009.48
2013	858.96	981.67	1138.21	790.24	903.14	1047.15

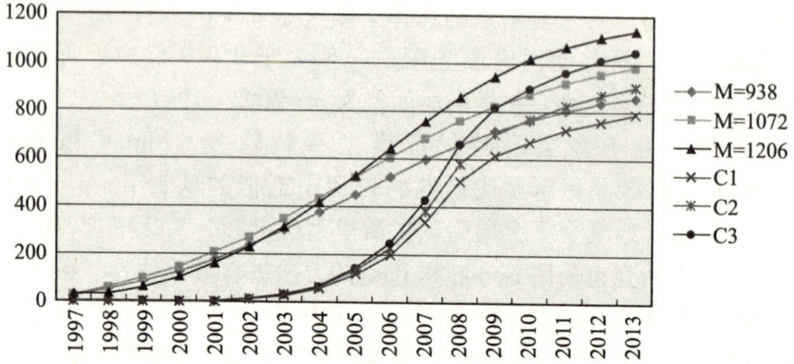

图7－6　移动内容服务附随扩散趋势

3. 结论分析与管理建议

从图中可以发现，可以说，没有移动终端用户的发展，就没有移动内容服务的发展，移动内容服务业务正是通过已有的移动终端用户的扩散渠道来进行传播的。所以，移动内容服务和移动终端业务的扩散关系是附随关系，即移动内容服务市场扩散依赖于移动终端用户的扩散情况，移动内容服务业务的扩散是建立在移动终端业务扩散的基础上，发展规模也受移动终端用户量的制约，并且扩散规模以移动终端业务的扩散规模为上限。

移动内容服务的市场扩散模式与经典的S形模式相比发生了一些变化，成功的扩散曲线呈现陡峭S形模式，前面一段扩散曲线增长缓慢，当达到某个点时，扩散速度迅速加快，乃至于很快在市场上扩散开去。这个临界点对应的消费者比例，通常称之为“临界群体”。移动内容服务从2002年开始进入一个增长的早期阶段，受制于消费者的认识程度和服务水平，市场规模较小，发展速度也不快。2007年以后移动内容服务的市场扩散进入了快速发展阶段，主要原因是智能手机的逐渐普及，移动终端功能的改善大幅提高了移动内容服务的消费者体验，同时，移动内容服务早期采纳的消费者的市场示范作用逐渐显现。根据附随创新扩散的规律，未来移动内容服务消费者将以移动终端市场规模为上限，持续目前急速扩张的趋势，大约在2015年以后进入稳定的市场成熟期。目前，面对大量消费者的移动内容需求，运营商和内容提供商应该把业务重点放在保证内容的质量，提高内容服务水平上，而不应该把资金过多投入市场宣传和营销方面。因为在创新扩散的目前阶段，市场已经有足够的自身动力维持发展。

7.5 本章小结

移动内容服务作为一种创新的电信和互联网增值服务，其市场扩散服从于创新扩散的基本规律。根据学术界对于创新扩散概念的界定，本章深入分析了新产品或服务市场扩散的机制，以及影响其扩散的主要因素。针对移动内容服务与移动终端市场扩散具有很强相关性的特点，基于 Bass 创新扩散的理论，本研究构建了移动内容服务附随扩散模型，并选择 1997—2010 年的数据对市场扩散的规律和趋势进行拟合与趋势分析。通过分析，发现移动内容服务在中国市场扩散的基本态势。

结　论

这个部分将对本研究进行总结，提出一些基本的研究结论，并对之加以必要的讨论；然后，指出本研究的局限性和进一步研究的有关建议。

研究总结

移动内容服务已经作为一种重要的移动服务受到了包括内容提供商和移动运营商在内的众多相关企业的重视，移动内容服务很可能将为移动产业的价值链创造巨大的经济利益。但是，由于信息产品自身的特点，消费者和服务提供商之间存在着信息不对称，这严重阻碍了消费者采纳移动内容服务的意向，因此，如果企业希望消费者采纳移动内容服务，并促进移动内容服务在市场中的扩散，那么必须要了解影响消费者采纳移动内容服务的相关前置因素，及这些因素在消费者使用移动内容服务过程中的变化趋势，它是企业制定经营策略的理论基础。另外，在消费者接受并采纳移动内容服务的前提下，相关企业将会采纳怎样的模式为消费者提供移动内容服务，这也是移动内容服务产业链上的企业必须面临的决策问题。在这样的背景下，本研究主要致力于从三个层次上分析移动内容服务采纳与市场扩散的问题：第一个层次是从消费者角度分析影响消费者采纳移动内容服务的主要因素以及这些因素在消费者采纳过程中的变化情况；第二个层次是从厂商角度分析移动内容服务提供商应该采纳何种模式，为消费者提供移动内容服务，也就是移动内容服务产业链的均衡状态；第三个层次是从市场角度，基于创新扩散理论，分析移动内容服务在中国市场的扩散规律和趋势。

对于消费者采纳角度的研究，本文采用了实证的研究方法。首先建立了消费者采纳移动内容服务的理论模型，考虑到移动内容服务属于移动电子商务的范畴，同时移动电子商务又属于电子商务的研究领域，因此，本文建立的理论模型是以采纳研究领域非常经典的 TAM 模型为基础。另外，由于相关研究表明，买卖双方之间的信任对于促成交易的达成起到了至关重要的作用，但是由于信息服务的特点，造成消费者和服务提供商之间存在着信息不对称的现象，阻碍了移动内容服务提供商和消费者之间信任的形成，因此，本研究把信任的因素与 TAM 结合起来形成了理论模型，并把样本分成潜在消费者和忠实消费者分别验证理论模型的正确性，同时也对采纳因素变化的特点进行了分析。鉴于信任因素对于移动内容服务采纳的重要性，本文还建立了一个动态的模型分析移动内容服务消费者信任的变化趋势。

对于移动内容服务提供商采纳模式的研究，本文采用了博弈论的方法实现企业采纳模式的分析。内容提供商选择何种模式为消费者提供移动内容服务，这是移动内容服务价值链上企业利益博弈的过程决定的，是博弈的均衡状态。本研究通过分析内容提供商和移动运营商在价值链上的地位、作用，分析出他们各自的行为选择及相应的效用，从而建立了一个两个参与方的完全信息动态博弈模型，并使用逆推归纳法求解出模型的纳什均衡解，从而实现了对企业采纳移动内容服务模式决策过程的分析和预测。

对于移动内容服务在中国市场扩散的研究，本文分析了新产品或服务的市场扩散机制，以及影响其扩散的主要因素。针对移动内容服务与移动手机市场扩散具有很强相关性的特点，基于 Bass 创新扩散的理论，本研究构建了移动内容服务附随扩散模型，并选择 1997 年到 2010 年的移动终端数据对市场扩散的规律和趋势进行拟合与趋势分析，从而发现移动内容服务在中国市场扩散的基本态势。

总结本文研究的主要发现和结论如下：

1. 根据移动内容服务静态比较模型，发现感知有用性对于潜在消费者影响作用不显著，对于忠实消费者的影响程度也不高，而两类消费者的感知有用性的测量值都很高，因此，可以认为感知有用性是消费者采纳移动内容服务的必要条件而非充分条件。感知有用性实际上是消费者对未来的一种预期，而感知信息质量决定了消费者实际感受的有用性价值，这种体验差距对消费者继续采纳移动内容服务非常重要。由于感知信息质量对于消费者，尤其是忠实消费者影响作用很大，感知信息质量既影响消费者的信任信念，同时也直接影响感知有用性，企业留住移动内容服务消费者的关键是提高信息质量，缩小消费者体验的差距。

2. 在消费者从潜在用户发展到忠实用户的过程中，易用性对有用性感知的影响作用会逐步下降。因此企业在为潜在消费者提供服务时，要更加注重易用性的作用。移动内容服务的成本因素对于潜在消费者的影响比对忠实消费者大，可以理解为潜在消费者对价格更加敏感。感知企业声誉和个人信任的倾向对于潜在消费者信任信念的形成具有较强影响作用，而随着使用的深入，移动内容服务的消费者能获得更多信息形成信任信念的判断，因此，它们的作用逐步在衰退。

3. 在移动内容服务消费者信任变化的模型验证中，早期信任信念的影响对于新的信任信念形成的假设均没有得到证实，而在信任变化的过程中，新的信任信念的影响因素都体现了较强的影响作用。研究认为这与时间点的选择和移动内容服务消费者信任变化的速度相关。由于移动内容服务处于发展的早期，消费者信念的形成处于早期阶段，故其变化较大，老的信任信念对新的信任信念形成的影响作用衰减很快，此时移动内容服务对消费者的黏性较小。

4. 在为消费者提供移动内容服务的价值链上，内容提供商和移动门户是重要的参与者，它们之间的博弈决定了最终哪种模式将会被采纳用来为消费者提供内容产品。根据动态博弈分析的结果，研究发现，当移动内容产品的增加值大于管道模式下用户的风险系数与内容产品的价值乘积的条件下，内容提供商如果增加管道模式，则移动门户同时采纳两种模式提供移动内容产品；如果内容提供商没有动机增加管道模式，则门户模式成为唯一选择，移动门户不会因为管道模式的存在而失去消费者市场。

5. 在移动内容服务的市场扩散方面，移动内容服务是通过已有的移动终端用户的扩散渠道来进行传播的。可以说，没有移动终端用户的发展，就没有移动内容服务的发展，所以，移动内容服务与移动终端的扩散关系是附随关系，即移动内容服务市场扩散依赖于移动终端用户的扩散情况。根据对于附随扩散模型的拟合，可以发现移动内容服务的市场扩散模式与经典的S形模式相比发生了一些变化，成功的扩散曲线呈现陡峭S形模式，前面一段扩散曲线增长缓慢，当达到某个点时，扩散速度迅速加快，乃至于很快在市场上扩散开来。这个临界点对应的消费者比例，通常称之为“临界群体”。从数据模拟情况来看，2007年以后移动内容服务的市场扩散进入了快速发展阶段，主要原因是智能手机的逐渐普及，移动终端功能的改善大幅提高了移动内容服务的消费者体验，因此，智能手机在硬件和软件方面的发展成为移动内容服务跨越扩散临界点的关键。依目前的扩散趋势，大约在2015年以后进入稳定的市场成熟期。目前，运营商和内容提供商应该把业务重点放在保证内容的质量，提高内容服务水平上，而不应该把资金过多投入市场宣传和营销方面。因为在创新扩散的目前阶段，市场已经有足够的自身动力维持发展。

本研究的学术价值和应用价值

1. 学术价值

在创新采纳和技术采纳研究领域，TAM模型被广泛接受，但是，该模型只提供了最基本的采纳解释因素，本研究将TAM模型放置在移动内容服务的背景下，探索在新的应用环境中TAM的有效性，并结合消费者信任、信息质量等因素构建消费者采纳移动内容服务的理论模型，实现了TAM模型在移动内容服务领域的扩展，在保持原有模型简洁性的前提下，增强了其对于移动内容服务采纳的解释能力。同时，本研究是从中国用户、企业和市场的角度出发，探究影响消费者采纳移动内容服务的影响因素及市场扩散的规律，为该领域的研究提供了一个适合中国市场的理论解释。

另外，由于移动产业链正处于形成之中，产业链上各个主体的利益诉求不同，采取的商业策略也不同，产业链最终的均衡状态是参与各方共同博弈的均衡结果，本研究从理论上解释了产业链形成的过程及参与各方的最优选择，为移动内容服务的产业政策制定提供了理论依据。

2. 应用价值

本研究的成果对于促进中国新兴产业的创新扩散具有较大的应用价值。随着以电信和 Internet 为基础的新经济在国民经济中发挥着越来越重要的角色，国家新经济产业的竞争力将直接决定国家的经济实力。近些年，以苹果、谷歌、facebook 为代表的互联网经济成为美国经济的亮点。中国在互联网经济方面同样存在许多创新的技术和应用，但是由于消费者体验不足，最终能在市场上得到采纳和扩散的创新应用并不多。在产业界，普遍把消费者体验作为产品或服务在市场中的得以采纳和扩散的决定性因素，本文通过实证研究，把消费者体验具体的概念化为有用性和易用性两个关键指标，从而为中国企业在产品和服务方面的设计提供了非常具体而实用的评价标准。

本研究成果对于制定电信增值服务的产业政策具有较大的应用价值。近些年，随着电信和互联网的快速发展，移动内容消费在居民消费中占有越来越大的比重，基于电信、互联网的内容生产和传播的市场价值巨大，因此，传统电信企业不甘于仅仅充当传播管道的作用，它们总是凭借其国有企业的性质和垄断地位实施移动内容服务产业链纵向一体化的商业战略。但是，本研究发现产业链纵向一体化并不是移动内容服务的市场均衡状态，证明了市场同时存在管道模式与门户模式有利于移动内容服务的良性发展，有利于提高消费者的效用，因此对于政府的政策而言，任何造成运营商垄断内容产品的销售渠道，妨碍上游内容制造商直接面对用户的政策都是不可取的。

研究的局限性

本文对于移动内容服务采纳方面的研究存在一些不足之处。在使用实证的方法研究移动内容服务消费者采纳行为的过程中，由于相关经验的测量没有排除忠实消费者使用移动内容服务的经验对于信任的正向影响，造成测量的目标发生了偏差；另外，在研究信任变化的过程中，本文只是选取了两个时间点作为研究对象，而信任的变化应该是连续的过程，用两个时间点预测连续的信任变化也将造成较大的误差。

在使用博弈论的方法研究相关企业采纳何种模式为消费者提供移动内容服务的过程中，分析简化了消费者对于内容产品销售模式的选择，现实中，影响消费者选择的因素是复杂的，需要进一步研究。而且，分析也没有考虑移动门户或内容提供商的竞争对手对于它们策略选择的影响。

研究展望

鉴于本研究的不足之处和目前相关研究的现状，类似的研究可以在以下几个方面深入的展开：首先，对于移动内容服务不同类型消费者行为变化的研究，可以和其他领域的采纳行为影响因素的变化作对比研究，发现它们之间个性和共性的规律；其次，对企业采纳模式的决策研究也应该在放松约束条件的情况下继续进行理论分析；最后，应该建立综合更多影响变量的预测模型，精确的分析移动内容服务市场扩散的潜量和扩散速度。

参考文献

Adams D. A. , Nelson R. R. , Todd P. A.. Perceived Usefulness, Ease of Use, and Usage of Information Technology: A Replication [J] . MIS Quarterly, 1992, 16 (2): 227 -247.

Agarwal R. , Sambamurthy V. , Ralph M. Stair. Research report: The evolving relationship between general and specific computer self-efficacy: An empirical assessment [J] . Information Systems Research, 2000, 11 (4): 414 -430.

Anandalingam G. , Day R. W. , Raghavan S.. The landscape of electronic market design. Management Science, 2005, 51 (3): 316 -327.

Anckar B. , Carlsson C. , Walden P.. Factors Affecting Consumer Decisions and Intents in Mobile Commerce: Empirical Insights [A], Proceedings of the 16th Bled e-Commerce Conference [C] . Bled, Slovenia, 2003: 886 -902.

Anderson N. H.. Integration theory and attitude change [J] . Psychological Review, 1971, 78 (3): 171 -206.

Anderson J. C. , Gerbing D. W.. Structural Equation Modeling in Practice: A Review and Recommended TwoStep Approach [J] . Psychological Bulletin , 1988 , 103 (3): 411 -423.

Ardion B, Menno de Jong, Michaël Steehouder. How shall I trust the faceless and the intangible? A literature review on the antecedents of online trust [J] . Computers in Human Behavior, 2010, 26 (4): 857 -869.

Ba S. , Paul A. Pavlou. Evidence of the Effect of Trust Building Technology in Electronic Markets: Price Premiums and Buyer Behavior [J] . MIS Quarterly, 2002, 26 (3): 243 -268.

Ba S., Stallaert J., Whinston A. B., Zhang H.. Choice of transaction channels: The effects of product characteristics on market evolution [J]. Journal of Management Information Systems, 2005, 21 (4): 173-197.

Bagozzi R. P., Yi Y.. One the evaluation of structural equation models [J]. Journal of the Academy of Marketing science, 1998, 16: 74-94.

Bailey J. E., Pereson S. W.. Development of a Tool for Measuring and Anglicizing Computer User Satisfaction [J]. Management Science, 1983, 29 (3): 530-545.

Bajaj A., Nidumolu S. R.. A feedback model to understand information system usage [J]. Information and Management, 1998, 33: 213-224.

Balasubramanian S., Peterson R. A., Jarvenpaa S. L.. Exploring the implications of M-commerce for markets and marketing [J]. Journal of the Academy of Marketing Science, 2002, 30 (4): 348-361.

Bapna R., Goes P., Gupta A.. Replicating online yankee auctions to analyze auctioneers' and bidders' strategies. Information Systems Research, 2003, 14 (3): 244-268.

Barber B. The logic and Limits of Trust [M]. New Brunswick, NJ: Rutgers University Press, 1983.

Barkhi R.. Information exchange and induced cooperation in group decision support systems [J]. Communication Research, 2005, 32 (5): 646-678.

Barki H., Hartwick J.. Rethinking the concept of user involvement [J]. MIS Quarterly, 1989, 13 (1): 53-63.

Barnes S. J.. The mobile commerce value chain: analysis and future developments [J]. International Journal of Information Management, 2002, 22 (2): 91-108.

Barnett N., Hodges S., Wilshire M. J.. M-commerce: An operator's manual [J]. McKinsey Quarterly, 2000, (3): 162-173.

Brown S. A, Venkatesh V.. Model of adoption of technology in households: A baseline model test and extension incorporating household life cycle [J]. MIS Quarterly, 2005, 29 (3): 399-426.

Buellingen F. , Woerter M. . Development perspectives firm strategies and applications in mobile commerce [J] . Journal of Business Research, 2004, 57 (12): 1402 - 1408.

Byoungsoo Kim, Jungsuk Oh. The difference of determinants of acceptance and continuance of mobile data services: A value perspective [J] . Expert Systems with Applications, 2011, 38 (7): 1789 - 1804.

Chaiken S. . Heuristic versus systematic information processing and the use of source versus message cues in persuasion [J] . Journal of Personality and Social Psychology, 1980, 39: 752 - 766.

Chau P. Y. K. , Hu P. J. H. . Investigating healthcare Professionals' decisions to accept telemedicine technology: an empirical test of competing theories [J] . Information & Management, 2002, 39 (4): 297 - 311.

Chechen Liao, Prashant Palvia, Jain-Liang Chen. Information technology adoption behavior life cycle: Toward a Technology Continuance Theory (TCT) [J] . International Journal of Information Management, 2009, 29 (3): 309 - 320.

Chen S. C. , Dhillon G. S. . Interpreting Dimensions of Consumer Trust in E-Commerce [J] . Information Technology and Management, 2003, 4: 303 - 318.

Cheney P. H. , Mann R. I. , Amoroso D. L. . Organizational Factors Affecting the Success of End-user Computing [J] . Journal of Management Information Systems, 1986, 3 (1): 65 - 80.

Cheong J. H. , Park M. C. . Mobile internet: acceptance in Korea [J] . Internet Research, 2005, 15 (2): 125 - 140.

Churchill G. A. . A Paradigm for Developing Better Measures of Marketing Constructs [J] . Journal of Marketing Research, 1979, 16: 64 - 73.

Corbitt B. J. , Thanasankit T. , Yi H. . Trust and e-commerce: a study of consumer perceptions [J] . Electronic Commerce Research and Applications, 2003, 2: 203 - 215.

Cooper R. B. , Zmud R. W. . Information Technology Implementation Research: A Technological Diffusion Approach [J] . Management Science, 1990, 36 (2): 123 -139.

Coursaris C. , Hassanein K. . Understanding M-commerce A consumer-centric Model [J] . Quarterly Journal of Electronic Commerce, 2002, 3 (3): 247 -271.

Dahlberg T. , Mallat N. , Oorni A. . Trust enhanced Technology Acceptance Model-Consumer acceptance of mobile payment solutions [A] . Proceedings of the CIC Roundtable [C] . Stockholm, Sweden, May 2003: 22 -23.

Danaher P. J. , Haddrel V. . A Comparison of question scales used for measuring customer satisfaction [J] . International Journal of Service Industry Management, 1996, 7 (4): 4 -26.

Davis F. D. Perceived Usefulness, Perceived Ease of Use, and User Acceptance of Information Technology [J] . MIS Quarterly, 1989, 13 (3): 319 -340.

David C. , Wu Chinshan, Cheng Feifei, Huang Yuwen. Determinants of users' intention to adopt wireless technology: An empirical study by integrating TTF with TAM [J] . Computers in Human Behavior, 2010, 26 (6): 906 -915.

Davis F. D. , Bagozzi R. P. , Warshwa P. R. . User acceptance of computer technology: A comparison of two theoretical models [J] . Management Science, 1989, 25 (8): 982 -1003.

Daisuke Satoh. A discrete bass model and its parameter estimation [J] . Journal of the Operations Research Society of Japan [J], 2001, vol. 44: 1 -18.

Deelmann T. , Loos P. . Trust Economy: Aspects of Reputation and Trust Building for SMEs in E-Business [A] . Eighth Americas Conferences on Information Systems [C], 2002: 2213 -2221.

De Marez Lieven S B, Verleye Gino B M. ICT-innovations today: making traditional diffusion patterns obsolete, and preliminary insight of increased importance [J] . Telematics and Informatics. 2004, 21 (3): 235 -260.

DeLone W., McLean E. The DeLone and McLean model of information systems success: A ten-year update [J]. Journal of Management Information Systems, 2003, 19 (4): 9-30.

Deutseh M. Trust and Suspicion [J]. Conflict Resolution, 1958, 2 (4): 265-279.

Doney P. M., Cannon J. P.. An examination of the nature of trust in buyer-seller relationships [J]. Journal of Marketing, 1997, 61 (2): 35-51.

Eagly A. H., Chaiken S.. The Psychology of Attitudes [M]. Orlando, FL: Harcourt Brace Jovanovich College Publishers, 1993: 217.

Elitzur R., Wensley A.. Game theory as a tool for understanding information services outsourcing [J]. Journal of Information Technology, 1997, 12 (1): 45-60.

Elizabeth E. Grandon, J. Michael Pearson. Electronic commerce adoption: an empirical study of small and medium US businesses [J]. Information & Management, 2004, 42 (11): 197-216.

Eriksson K., Nilsson D.. Determinants of the continued use of self-service technology: The ease of Internet banking [J]. Technovation, 2007, 27 (4): 159-167.

Fatemeh Mariam Zahedi, Jaeki Song. Dynamics of Trust Revision: Using Health Infomediaries [J]. Journal of Management Information sysytems, 2008, 24 (4): 225-248.

Featherman M. S., Pavlou P. A.. Predicting e-services adoption: a perceived risk facets perspective [J]. International Journal of Human-Computer Studies, 2003, 59 (4): 451-474.

Fishbein M., Ajzen I.. Belief, Attitude, Intention and Behavior: An Introduction to Theory and Research [M]. Reading, MA: Addison-Wesley Publishing Company. 1975.

Floh A., Trieblmaier H. What keeps the e-banking customer loyal? A multi-group analysis of the moderating role of consumer characteristics on e-loyalty in the financial service industry [J]. Journal of Electronic

Commerce Research, 2006, 7 (2): 97 - 110.

Fung R. K. K., Lee M. K. L.. EC-trust (trust in electronic commerce): exploring the antecedent factors [A]. Proceedings of the Fifth Americas Conference on Information Systems [C]. In: Haseman, W. D., Nazareth, D. L. (Eds.), 1999: 517 - 519.

Gal-Or E., Ghose A.. The economic incentives for sharing security information [J]. Information Systems Research, 2005, 16 (2): 186 - 208.

Gambetta D. G.. Can we trust trust? . in Gambetta, D. G. (Eds), Trust [M]. Basil: Blackwell, New York. 1988: 213 - 237.

Ganesan S.. Determinants of long-term orientation in buyer-seller relationships [J]. Journal of Marketing, 1994, 58 (2): 1 - 19.

Garbarino E., Johnson S.. The different roles of satisfaction, trust, and commitment in customer relationships [J]. Journal of Marketing, 1999, 63 (4): 70 - 87.

Gefen D.. Reflections on the dimensions of trust and trustworthiness among online consumers [J]. The database for advances in information systems-Summer, 2002, 33 (3): 38 - 53.

Gefen D., Karahanna E., Straub D. W.. Trust and TAM in Online Shopping: An Integrated Model [J]. MIS Quarterly, 2003, (27: 1): 51 - 90.

Goldenberg J, Libai B, Muller E. Riding the Saddle: How Cross-Market Communications Can Create a Major Slump in Sales [J]. Journal of Marketing. 2002, 66 (2): 1 - 16.

Grandon E. E., Pearson J. M.. Electronic commerce adoption: an empirical study of small and medium US businesses [J]. Information & Management, 2004, 42 (1): 197 - 216.

Gruber H., Verboven F.. The Diffusion of Mobile Telecommunications Services in the European Union [J], European Economic Review, 2001vol. 45: 577 - 588.

Ha H. U., Perks H.. Effects of consumer perceptions on brand experience on the Web: Brand familiarity, satisfaction, and brand trust

[J] . Journal of Consumer Behavior, 2005, 4 (6): 438 - 452.

Hair J. F. J., Anderson R. E., Tatham R. L., Black W. C.. Multivariate Data Analysis with Readings [M] . NJ: Prentice-Hall, 1998.

Hao Huang, Lu Liu, Jianjun Wang. Diffusion of Mobile Commerce Application in the Market [A] . Proceedings of the Second International Conference on Innovative Computing, Information and Control [C] . IEEE Computer Society, 2007: 485.

Harry B, Angel B, Shahrokh N. Mobile services put in context: A Q-sort analysis [J] . Telematics and Informatics, 2011, 4: 2 - 16.

Harvey S. J. Jr.. The trust paradox: a Survey of economic inquires into the nature of trust and trustworthiness [J] . Journal of Economic Behavior & Organization, 47: 291 - 307.

Hendrickson A. R., Massey P. D., Cronan T. P.. On the Test-Retest Reliability of Perceived Usefulness and Perceived Ease of Use Scales [J] . MIS Quarterly, 1993, 17 (2): 227 - 230.

Hogarth R. M., Einhorn H. J.. Order effects in belief updating: The belief-adjustment model [J] . Cognitive Psychology, 1992, 24 (1): 1 - 55.

Hsu C. L., Lu H. P., Hsu H. H.. Adoption of the mobile Internet: An empirical study of multimedia message service (MMS) [J] . Omega, 2007, 35 (6): 715 - 726.

Hung S. Y., Ku C. Y., Chang C. M.. Critical factors of WAP services adoption: an empirical study [J] . Electronic Commerce Research and Applications, 2003, 2 (1): 42 - 60.

Inbaria M., Zinatelli N., Cragg P., Cavaye A. L.. Personal Computing Acceptance Factors in Small Firms: A Structural Equation Model [J] . MIS Quarterly, 1997, 21 (3): 279 - 302.

Jarvenpaa S. J., Leidner D. E.. An information company in mexico: Extending the resource-based view of the firm to a developing country [J] . Information Systems Research, 1998, 9 (4): 342 - 361.

Jarvenpaa S. L. , Tractimsky N. , Vitale M. . Consumer Trust in and Internet Store [J] . Information Technology and Management, 2000, 1: 45 - 71.

Jarvenpaa S. L. , Tractinsky N. . Consumer Trust in an Internet Store: a cross-cultural validation [J] . Journal of Comput-Mediated Comm, 1999, 5 (2): 1 - 33.

Jeremy B. Adopt, adapt, abandon: Understanding why some young adults start, and then stop, using instant messaging [J] . Computers in Human Behavior, 2010, 26 (5): 1427 - 1433.

Johnson E. J. , Payne J. W. . Effort and Accuracy in Choice [J] . Management Science, 1985, 31 (4): 395 - 414.

Joreskog K. , Sorbom D. . LISRELS: Structural Equation Modeling with the SIMPLIS Command Language [M] . Chieago: Seientific Software International, Erlbaum, 1993.

Joseph H. Wen. Consumer-based m-commerce: exploring consumer perception of mobile applications [J] . Computer Standards & Interfaces, 2005, 27 (4): 347 - 357.

Karahanna E. , Straub D. W. . The Psychological Origins of Perceived Usefulness and Ease-of-Use [J] . Information & Management, 1999, 35: 237 - 250.

Karahanna E. , Straub D. W. , Chevran N. . Information Technology Adoption across Time: A Cross-Sectional Comparison of Pre-Adoption and Post-Adoption Beliefs [J] . MIS Quarterly, 1999, 23 (2): 183 - 213.

Katz D. The functional study of attitudes [J] . Public opinion quarterly, 1960, 24: 163 - 204.

Keat Teoh Kung, Avvari Mohan. Integration of TAM based electronic commerce models for trust [J] . The Journal of American of Business, 2004, 5 (1/2): 404 - 410.

Kennedy M. S, Ferrell L. K. , Le Clair D. T. . Consumers' trust of salesperson and manufacturer: an empirical study [J] . Journal of Business Research, 2001, 51: 73 - 86.

Kerr D. S. , Ward D. D. . The effects of audit task on evidence integration and belief revision [J] . Behavioral Research in Accounting, 1994, 6: 21 -42.

Khawaja A. , Sue A H. Examining the effects of information system characterristics and perceived usefulness on post adoption usage of information systems [J] . Information & Management, 2008, 45 (7): 376 -386.

Kim D. J. , Song, Y. I. , Braynov S. B. , Rao, H. R. . A B-to-C Trust Model for On-1ine Exchange [A] . Americas Conference on information systems (MACIS) [C] . Boston, Massachusetts, 2001: 784 -787.

Lane C. Introduction: Theories and Issues in the Study of trust in C. Lane & R. Bachmann, (Eds) . Trust within and Between organizations: Conceptual issues and empirical applications [M] . NewYork: oxford University Press, 1998, 1 -30.

Lee E. J. . Factors influence consumer trust in human-computer interaction: an examination of interface factors and moderating influences [D] . Tennessee University Doctor paper, 2002.

Lee Y, O'Connor G C. New product launch strategy for network effects products [J] . Journal of the Academy of Marketing Science. 2003, 31 (3): 241 -255.

Legris P. , Ingham J. , Collerette P. . Why do People use information technology? A critical review of the technology acceptance model [J] . Information & Management, 2003, 40 (3): 191 -204.

Leonard L. N. K, Cronan T. P. , Kreie J. . What influences IT ethical behavior intentions-Planned behavior, reasoned action, Perceived importance, or individual characteristics? [J] . Information & Management, 2004, 42 (1): 143 -155.

Lu J. , Liu C. , Yu C. S. , et al. Determinants of accepting wireless mobile data services in China [J] . Information & Management, 2008, 45 (1): 52 -64.

Luo Xin, Li Han, Zhang Jie, Shim J P. . Examining multi-dimensional trust and multi-faceted risk in initial acceptance of emerging technologies: An empirical study of mobile banking services [J] . Decision Support Systems, 2010, 49 (2): 222 - 234.

Lua G. T. , Lee S. H. . Consumers' trust in a brand and the link to brand loyalty [J] . Journal of Market Focused Management, 1999, 4: 341 - 370.

Luarn P. , Lin H. H. . Toward an understanding of the behavioral intention to use mobile banking [J] . Computers in Human Behavior, 2005, 21 (6): 873 - 891.

Lucio F. , Gomez J. , Yolanda P. . A dynamic analysis of intrafirm diffusion: the ATMs [Z] . Department of Business Economics, Universitat Autonoma de Barcelona, 2000.

Maccallum R. C. , Browne M. W. , Sugawara H. W. . Power analysis and determination of sample size for covariance structure modeling [J] . Psychological Method, 1996, 2 (1): 130 - 149.

Mahajan V. Muller E. And Srivastava R. K. . Using innovation diffusion models to develop adopter categories [J] . Journal of Marketing Research. 1990 (27): 66 - 74.

Mahaian V. , Mason C. H. , Srinivasan V. . An Evaluation of Estimation Procedures for New Product Diffusion Models [M], Innovation Diffusion Models of New Product Acceptance, Cambridge, Massachusetts Ballinger, pp. 203 - 232, 1986.

Maitland C. F. , Bauer J. M. , Westerveld R. . The European market for mobile data: evolving value chains and industry structures [J] . Telecommunications Policy, 2002, 26 (9): 485 - 504.

Mathieson K. . Predicting User Intentions: Comparing the Technology Acceptance Model with the Theory of Planned Behavior [J] . Information Systems Researeh, 1991, 2 (3): 173 - 191.

Mathieson K. , Peacock E. , Chin W. W. . Extending the technology acceptance model: The influence of Perceived user resources [J] . Data Base for Advances in Information Systems, 2001, 32 (3): 86 - 112.

Mayer R. C. , Davis J. H. , Schoorman F. D. . An integration model of Organizational trust [J]. Academy of Management Review, 1995, 20 (3): 709-734.

McAllister, Daniel J. Affect and cognition-based trust as foundations for interpersonal cooperation in organizations [J]. Academy of Management Journal, 1995, (38): 24-59.

McCole P.. The role of trust for electronic commerce in services [J]. International journal of contemporary hospitality Management, 2002, 14 (2): 81-87.

McKnight D. H., Choudhury V.. What trust means in e-commerce customer relationships: An interdisciplinary conceptual typology [J]. Internet Journal of Electronic Commerce, 2002, 6 (2): 35-59.

McKnight D. H., Choudhury V., Kacmar C.. Developing and validating trust measures for e-commerce: An integrative typology [J]. Information system Research, 2002, 13 (3): 334-359.

McKnight D. H., Harrison Cummings L. L., Chervany N. L.. Initial trust formation in new organizational relationships [J]. Academy of Management Review, 1998, 23 (3): 473-490.

McKnight D. H., Kacmar C., Choudhury V.. Dispositional Trust and Distrust Distinctions in Predicting High-and Low-Risk Internet Expert Advice Site Perceptions [J]. e-Service Journal, 2004, 3 (2): 35-58.

Moon J. W., Kim Y. G. L.. Extending the TAM for a World-Wide-Web context [J]. Information & Management, 2001, 38 (4): 217-230.

Moore G. C., Benbasat L.. Development of an Instrument to Measure the Perceptions of Adopting an Information Technology Innovation [J]. Information Systems Research, 1991, 2 (3): 192-222.

Moorman C. R., Deshpande G., Zaltman. Factors affecting trust in market relationships [J]. Journal of Marketing, 1993, 1 (January): 81-101.

Morgan R. M., Hunt S. D. The commitment-trust theory of relationship marketing [J]. Journal of Marketing, 1994, 58 (3): 20-38.

Morris M. G., Venkatesh V., Aekerman P. L.. Gender and age

differences in employee decisions about new technology: An extension to the theory of Planned behavior [J] . IEEE Transactions on Engineering Management, 2005, 52 (1): 69 - 84.

Nikolaos A. , Mylonopoulos Ioannis A. , Sideris. Growth of Value Added Mobile Services Under Different Scenarios of Industry Evolution [J] . Electronic Market, 2006, 16 (1): 28 - 40.

Norton J. A. , Bass F. M. . A diffusion theory model of adoption and substitution for successive generations of high technology products [J] . Management Science, 1987, vol. 33: 1069 - 1086.

Nunnally J. C. . Psychometric Theory [M] . McGraw-Hill, N. Y. (1978) .

O'Cass A. , Feneeh T. . Web retailing adoption: exploring the nature of internet users Web retailing behaviour [J] . Journal of Retailing and Consumer Services, 2003, 10: 81 - 94.

Oksman V. , Raitiainen P. . Perhaps it is a body part. How the mobile Phone became an organic part of the everyday lifes of children and teenagers [R] . Presented at the 15. Nordiska konferensen for medie-ock kommunikations for skning, Reykjavik, Island, August, 11 - 13, 2001.

Oliver R L. . Whence consumer loyalty? [J] . Journal of Marketing, 1999, 63 (Special Issue): 33 - 44.

Olla Philip, Patel Nandish V. . A value chain model for mobile data service providers [J] . Telecommun Policy, 2002, 26 (9): 551 - 571.

Olson J. R. , Boyer K. K. . Factors influencing the utilization of internet purchasing in small organizations [J] . Journal of Operations Management, 2003, 21 (2): 225 - 245.

Oskamp, Stuart. Attitudes and Opinions [M] . Englewood Cliffs, N. J. : Prentice-Hall, 1977.

Pagani M. . Determinants of adoption of third generation mobile multimedia Services [J] . Journal of Interactive Marketing, 2004, 18 (3): 46 - 59.

Parasuraman A. . Reflections on gaining competitive advantage through customer value [J] . Journal of the Academy of Marketing Science, 1997, 25 (2): 154 - 161.

Pavlou P. A. . Consumer acceptance of electronic commerce: Integrating trust and risk with the Technology Acceptance Model [J] . International Journal of Electronic Commerce, 2003, 7 (3): 101 - 134.

Pedersen P. E. . Instrumentality Challenged: The adoption of a mobile Parking service [A] . Presentedatthe4th InternationalConference on the Social and Economic Meanings of Mobile Communications [C] . Grimstad, Norway, 2003: 22 - 24.

Pedersen P. E. , Nysveen H. . Usefulness and self-expressiveness: extending TAM to explain the adoption of a mobile Parking service [A] . Presented at the 16th Electronie Commerce Conference, Bled [C] . Slovenia, 2003: 9 - 11.

Peterson R. A. , Mahajan V. . Multi-product growth models [J] . Research in Marketing, 1978, vol. 1: 201 - 231.

Pei B. K. W. , Reckers P. M. J. , Wyndelts R. W. . Tax professionals belief revision: The effects of information presentation sequence, client preference, and domain experience [J] . Decision Sciences, 1992, 23 (1): 175 - 199.

Petrick J. F. . Development of a multi-dimensional scale for measuring the Perceived value of a service [J] . Journal of Leisure Research, 2002, 34 (2): 119 - 134.

Petty R. E. , Cacioppo J. T. . Communication and persuasion: Central and peripheral routes to attitude change [M] . New York: Springer-Verlag, 1986.

Pinsonneault A. , Kraemer K. L. . Survey Research Methodology in Management Information Systems: An Assessment [J] . Journal of Management Information Systems, 1993, 10 (2): 75 - 105.

Plouffe C. R. , Hulland J. S. et al. Richness versus Parsimony in modeling technology adoption decisions-understanding merchant adoption of a smart card based payment system [J] . Information Systems Researeh, 2001, 12 (2): 208 -222.

Porter M. E.. Competitive Advantage [M]. New York: The free press, 1985.

Rai A., Lang S. S., Welker R. B.. Assessing the validity of IS success models: An empirical test and theoretical analysis [J]. Information Systems Research, 2002, 13 (1): 50 -69.

Rajiv Kohli, Sarv Devaraj. Realizing the Business Value of Information Technology Investments: An Organizational Process [J]. MIS Quarterly Executive, 2004, 3 (1): 53 -68.

Ratnasingam P. A., Pavlou. Technology Trust in B2B Electronic Commerce: Conceptual Foundation. Strategies for Information Technology Management [M]. Idea Group Publishing, Hershey, 2003: 200 -215.

Rich G. A.. The sale managers as a role model: Effects on trust, job satisfaction, and performance of salespeople [J]. Journal of Academy of Marketing Science, 1997, 25 (4): 319 -328.

Robey D. User Attitudes and Management Information System use [J]. Academy of Management Journal, 1979, 22 (3): 527 -538.

Rogers F. M.. Diffusion of Innovations [M]. Free Press, New York, 1983.

Rousseau D. M., Sitkin S. B., Butt R. S., Camerer C.. Not so different after all: A cross-discipline view of trust [J]. The Academy of Management Review, 1998, 23 (3): 393 -404.

Rouvinen P.. Diffusion of Digital Mobile Telephony: Are Developing Countries Different? [J]. Telecommunications Policy, 2006, vol. 30: 46 -63.

Rulke E., Lyer A., Chiasson G.. The Ecology of Mobile Commerce: Charting a Course for Success Using Value Chain Analysis, selected chapter in M. E. Brain and S. J. Troy. Mobile Commerce: Technology, Theory, and Applications [M]. USA : Idea Group Publishing, 2002.

Sabat H. K.. The evolving mobile wireless value chain and market structure [J] . Telecommunications policy, 2002, 26: 505 -535.

Sako Mari, Helper Susan. Determinants of trust in supplier relations: Evidence from the automotive industry in Japan and the United States [J] . Journal of Economic Behavior& organization, 2003, 34 (3): 387 -417.

Sangwan S. , PauL. . Diffusion of Mobile Terminals in China [J] . European Management Journal, 2005, 23 (6): 674 -681.

Sarv Devaraj, Ming Fan, Rajiv Kohli. Antecedents of B2C Channel Satisfaction and Preference: Validating e-Commerce Metrics [J] . Information Systems Research, 2002, 13 (3): 316 -333.

Sawyers B. K. , Anderson N. . Test of integration theory in attitude change [J] . Journal of Personality and Social Psychology, 1971, 18 (2): 230 -233.

Schultz R. L. , Slevin D. P. . Implementation and Organizational Validity: An Empirical Investigation in Implementing Operations Research/Management Science [M] . American Elsevier, New York, NY, 1975: 153 -182.

Schoder D. Forecasting the success of telecommunication services in the presence of network effects [J] . Information Economics and Policy. 2000, 12 (2): 181 -200.

Seddon P. B. . Respecification and extension of the DeLone and McLean model of IS success [J] . Information Research Journal, 1997, 8 (3): 240 -253.

Shankar V. , Urban G. L. , Sultan F. . Online trust: a stakeholder Perspective, concepts, implications and future directions [J] . Journal of Strategic Information Systems, 2002, 11 (3/4): 325 -344.

Sheth J. N. , Newman B. I. , Gross B. L. . Why we buy what we buy: a theory of consumption values [J] . Journal of Business Research, 1991, 22 (2): 159 -170.

Shih Gary, Shim Simon S. Y. . A Service Management Framework for M-Commerce Applications [J] . Mobile Networks and Applications, 2002, 7: 199 -211.

Shin D H. MVNO services: policy implications for promoting MVNO diffusion [J]. Telecommunications Policy, 2010, 34 (7): 616-632.

Siau K., Zixing Shen. Building Customer Trust in Mobile Commerce [J]. Communications of The ACM, 2003, 46 (4): 91-94.

Singh J., Sirdeshmukh D.. Agency and trust mechanisms in consumer satisfaction and loyalty judgments [J]. Journal of the Academy of Marketing Science, 2000, 28 (1): 150-167.

Sirohi N., McLaughlin E. W., Wittink D. R.. A model of consumer Perceptions and store loyalty intentions for a supermarket retailer [J]. Journal of Retailing, 1998, 74 (2): 223-245.

Srinivasan V., Charlotte H. Mason. Nonlinear Least Squares Estimation of New Product Diffusion Models [J]. Marketing Science, 1986, 5 (2): 169-178.

Snijders C.. Trust and commitments [M]. Amsterdam: Thesis Publishers1996: 13.

Steiger J. H.. Structure model evaluation and modification: An interval estimation approach [J]. Multivariate Behavioral Research, 1990, 25: 173-180.

Straub D. W., Carlson C. L.. Validating Instruments in MIS Research [J]. MIS Quarterly, 1989, 13 (2): 147-169.

Subramanian G. H.. A Replication of Perceived Usefulness and Perceived Ease of Use Measurement [J]. Decision Sciences, 1994, 25 (5/6): 863-874.

Sweeney J. C., Soutar G. N.. Consumer Perceived value: The development of a multiple item scale [J]. Journal of Retailing, 2001, 77 (2): 203-220.

Szajna B.. Empirical Evaluation of the Revised Technology Acceptance Model [J]. Management Science, 1996, 42 (1): 85-92.

Talluri S., Baker R. C.. A multi-phase mathematics programming approach for effective supply chain design [J]. European Journal of Operational Research, 2002, 141 (3), 544-558.

Tarpey L. X. , Peter P. J. . A Comparative Analysis of Three Consumer Decision Strategies [J] . Journal of Consumer Research, 1975 (2: 1): 29 -37.

Taylor S. , Todd P. A. . Assessing IT Usage: The Role of Prior Experience [J] . MIS Quarterly, 1995, 19 (4): 561 -570.

Taylor S. , Todd P. A. . Understanding Information Technology Usage-a Test of Competing Models [J] . Information Systems Research, 1995, 6 (2): 144 -176.

Te'eni D. , Feldman R. . Performance and satisfaction in adaptive Websites: An experiment in searches within a task-adaptive Website [J] . Journal of the AIS, 2001, 3 (2): 1 -28.

Teo, T. S. H. , Pok, S. H. . Adoption of WAP-Enabled Mobile Phones Among Internet Users [J] . Omega, 2003, 31 (6): 483 -498.

Tornatzky L. G. , Klein K. J. . Innovation Characteristics and Innovation Adoption-Implementation: A Meta-Analysis of Findings [J] . IEEE Transactions on Engineering Management, 1982, 29 (1): 28 -45.

Tsalgatidou A. , Pitoura E. . Business models and transactions in mobile electronic commerce: requirements and properties [J] . Computer Networks, 2001, 37 (2): 221 -236.

Tsalgatidou A. , Veijalainen J. . Mobile electronic commerce: emerging issues [A] . Proceedings of EC-WEB 2000 1st International conference on E-Commerce and Web Technologies [C] . London, 2000: 477 -486.

Turel O. , Serenko A. et al. Young adult acceptance of wireless short messaging services: Deconstructing perceived value [J] . Information and Management, 2007, 44 (1): 63 -73.

Vander Heijden H. . Factors influencing the usage of websites: The case of a generic portal in the Netherlands [J] . Information & Management, 2003, 40: 541 -549.

Venkatesh V. , Davis F. D. . A Theoretical Extension of the Technology Acceptance Model: Four Longitudinal Field Studies [J] . Management Science, 2000, 46 (2): 186 -204.

Venkatesh V., Morris M. G., Davis G. B., et al. User acceptance of information technology: Toward a unified view [J]. MIS Quarterly, 2003, 27 (3): 425-478.

Vrechopoulos A., Constantiou I., Sideris I., et al. The critical role of consumer behavior research in mobile commerce [J]. International Journal of Mobile Communications, 2003, 1 (3): 239-340.

Wakefield R. L.. A determination of the antecedents of online trust and an evaluation of current web assurance seals [D]. University of Mississippi, 2001.

Watson R. T., Pitt L. F., Berthon P., et al. U-Commerce: Expanding the Universe of Marketing [J]. Journal of the Academy of Marketing Science, 2002, 30 (4): 333-347.

Willimson O. E.. The economic institutions of capitalism [M]. New York: Free Press, 1985.

Wixom B. H., Todd P. A.. Theoretical integration of user satisfaction and technology acceptance [J]. Information Systems Research, 2005, 16 (1): 85-102.

Wong R.. Wireless Internet: Market Trends and Strategies [A]. GSM Congress Asia Pacific [C]. Singapore, 2000.

Woodruff R. B.. Customer value: The next source for competitive edge [J]. Journal of the Academy of Marketing Science, 1997, 25 (2): 139-153.

Wu J. H., Wang S. C.. What drives mobile commerce? An empirical evaluation of the revised technology acceptance model [J]. Information & Management, 2005, 42 (5): 719-729.

Wu Kewen, Zhao Yuxiang, Zhu Qinghua, Tan Xiaojie, Zheng Hua. A meta-analysis of the impact of trust on technology acceptance model: Investigation of moderating influence of subject and context type [J]. International Journal of Information Management, 2011, (3): 1-10.

Yang K. C. C.. Exploring factors affecting the adoption of mobile commerce in Singapore [J]. Telematics and Informatics, 2005, 22 (3):

257 - 277.

Yang J. H. , Luo S. C. . Research on the Fitness of Bass Model Based on Different Datasets—Taking the Datasets of Mobile Subscribers in China as an Example [J] . Science and Technology Management Research, 2011, 10: 192 - 119.

Ying-Feng Kuo, Ching-Wen Yu. 3G telecommunication operators' challenges and roles: A perspective of mobile commerce value chain [J] . Technovation, 2006, 26: 1347 - 1356.

Zahedi F. M. . Intelligent Systems for Business: Expert Systems with Neural Networks [M] . Belmont, CA: Wadsworth, 1993.

Zeithaml V. A. , Berry L. L. , Parasuraman A. . The Behavioral Consequences of Service Quality [J] . Journal of Marketing, 1996, 60 (2): 31 - 46.

Zucker L. G. . Production of trust: Institutional Sources of economic structure, 1840 - 1920. B. M. Staw and L. L. Cummings, eds. Research in Organizational Behavior [M] . JAI Press, Greenwich, 1986: 53 - 111.

白长虹，范秀成．基于客户感知价值的服务企业品牌管理[J]．外国经济与管理，2002，24（2）：7 - 13.

陈明亮．客户重复购买意向决定因素的实证研究［J］．科研管理，2003，24（1）：110 - 115.

褚燕，黄丽华．影响员工接受移动商务应用因素研究．研究与发展管理．2007，19（1）：72 - 78.

邓朝华，鲁耀斌，张金隆．基于TAM和网络外部性的移动服务使用行为研究［J］．管理学报，2007，4（2）：216 - 221.

董大海，权晓妍，曲晓飞．客户价值及其构成［J］．大连理工大学学报，1999，2：47 - 52.

范秀成，罗海成．基于客户感知价值的服务企业竞争力探析［J］．南开管理评论，2003，6：41 - 45.

方益寿．组织管理心理学［M］．济南：山东大学出版社，1995：120.

方针．用户信息技术接受的影响因素模型与实证研究［D］．上海：复旦大学，2005.

侯杰泰，温忠麟，成子娟．结构方程模型及其应用［M］．北京：教育科学出版社，2004.

黄芳铭．结构方程模式理论与应用［M］．北京：中国税务出版社，2005：145.

李东进，杨凯，周荣海．消费者重复购买意向及其影响因素的实证研究［J］．管理学报，2007，4（5）：655－659.

李怀祖．管理研究方法［M］．西安：西安交通大学出版社，2004.

李岩．中国利用后发优势发展成为世界移动商务大国的分析［J］．管理世界，2005，7：162－163.

刘子龙．移动服务采纳行为实证研究综述：从2G到3G［J］．情报杂志，2010，29（11）：187－193.

卢曼，尼克拉斯．信任——一个社会复杂性的简化机制．上海：上海人民出版社，2005.

鲁耀斌，周涛．B2C环境下影响消费者网上初始信任因素的实证分析［J］．南开管理评论，2005，8（6）：96－101.

吕廷杰．我国移动商务发展趋势分析与展望［J］．北京邮电大学学报，2006，8（4）：2－8.

马庆国．管理统计——数据获取．统计原理SPSS工具与应用研究［M］．北京：科学出版社，2002.

钱博．浅议移动商务的发展和应用［J］．云南财经大学学报，2004（2）：76－78.

彭泗清．关系与信任：中国人人际信任的一项本土研究．载于郑也夫，彭泗清等著．中国社会中的信任［M］．北京：中国城市出版社，2003.

邵兵家，孟宪强，张宗益．中国B2C电子商务中消费者信任前因的实证研究［J］．科研管理，2006，27（5）：144－149.

希夫曼，卡纽克．消费者行为学［M］．上海：华东师范大学出版社，2002.4：43－81.

谢荷锋．企业员工知识分享中的信任问题实证研究［D］．杭州：浙江大学，2007.

袁雨飞，王有为，青正川，杨庆，高玉飞．移动商务［M］．北京：清华大学出版社，2006.

杨敬辉，武春友．基于遗传算法的附随扩散模型的构建及实证研究［J］．数理统计与管理．2007，(02)：16－28.

张刚，张东芳．国外信任源模型评介［J］．外国经济与管理，2004，26（12）：21－25.

张楠，郭讯华，陈国青．行为建模角度的信息技术采纳研究：发展阶段和未来方向［A］．In 信息技术采纳：理论与中国实践学术研讨会［C］．成都：电子科大学出版社，2006.

张千帆，梅娟．移动商务商业模式分析、评价与选择研究[J]．科技管理研究，2009，3：249－251.

章勤俭．用户接受移动商务影响因素分析及其应用研究［D］．杭州：浙江工业大学，2006.

章志光，金盛华．社会心理学［M］．北京：人民教育出版社，1996.

张向国，吴应良．移动商务价值网商业模式与运营机制研究［J］．软科学，2005，19（6）：34－37.

附　录

静态比较模型的 LISREL 程序

```
DA NI = 44 NO = 186
CM SY
……
(相应协方差矩阵)
……
MO NY = 19 NE = 4 NX = 25 NK = 6 PH = ZE, FI PS = SY, FI TD = DI, FR TE = DI, FR BE = FU, FI
PA LY
5 (1 0 0 0)
4 (0 1 0 0)
6 (0 0 1 0)
4 (0 0 0 1)
PA LX
5 (1 0 0 0 0 0)
5 (0 1 0 0 0 0)
4 (0 0 1 0 0 0)
4 (0 0 0 1 0 0)
4 (0 0 0 0 1 0)
3 (0 0 0 0 0 1)
FI LY 1 1 LY 6 2 LY 10 3 LY 16 4 LX 1 1 LX 6 2 LX 11 3 LX 15 4 LX 19 5 LX 23 6
VA 1 LY 1 1 LY 6 2 LY 10 3 LY 16 4 LX 1 1 LX 6 2 LX 11 3 LX 15
```

```
4 LX 19 5 LX 23 6
  PA GA
  1 1 1 1 1 0
  0 0 0 0 0 0
  1 1 0 0 0 0
  1 0 0 0 0 1
  FR BE 2 1 BE 4 2 BE 4 3 BE 3 2
  FR PS 1 1 PS 2 2 PS 3 3 PS 4 4
  PD
  OU SS SC MI
```

信任变化模型的 LISREL 程序

```
DA NI = 38 NO = 161 MA = CM
CM SY
……
(相应协方差矩阵)
……
MO NY = 17 NE = 4 NX = 21 NK = 5 PH = ZE PS = SY, FI TD = DI, FR BE = FU, FI
PA LY
4 (1 0 0 0)
5 (0 1 0 0)
4 (0 0 1 0)
4 (0 0 0 1)
PA LX
4 (1 0 0 0 0)
5 (0 1 0 0 0)
4 (0 0 1 0 0)
4 (0 0 0 1 0)
4 (0 0 0 0 1)
```

FI LY 1 1 LY 5 2 LY 10 3 LY 14 4 LX 1 1 LX 5 2 LX 10 3 LX 14 4 LX 18 5

VA 1 LY 1 1 LY 5 2 LY 10 3 LY 14 4 LX 1 1 LX 5 2 LX 10 3 LX 14 4 LX 18 5

PA GA

1 0 0 0 0

0 1 0 0 0

0 0 1 0 0

0 0 0 1 1

FR BE 1 4 BE 2 4 BE 3 4

FR PS 1 1 PS 2 2 PS 3 3 PS 4 4

PD

OU SS SC MI

研究调查问卷

1—非常不同意；2—不同意；3—有点不同意；4—中立；5—有点同意；6—同意；7—非常同意

有用性：

移动内容服务可以提高获得信息的及时性。

［1］ ［2］ ［3］ ［4］ ［5］ ［6］ ［7］

移动内容服务使信息的获得不受地点的限制。

［1］ ［2］ ［3］ ［4］ ［5］ ［6］ ［7］

移动内容服务可以减少自己搜索信息的时间。

［1］ ［2］ ［3］ ［4］ ［5］ ［6］ ［7］

移动内容服务使信息获得的方式更加多样化。

［1］ ［2］ ［3］ ［4］ ［5］ ［6］ ［7］

移动内容服务使我能更好地利用琐碎时间。

［1］ ［2］ ［3］ ［4］ ［5］ ［6］ ［7］

总的来说，移动内容服务将会成为一种有用的信息获得方式。

[1] [2] [3] [4] [5] [6] [7]

易用性：

学习使用移动内容服务对我来说不是难事。

[1] [2] [3] [4] [5] [6] [7]

订阅移动内容服务对我来说不难。

[1] [2] [3] [4] [5] [6] [7]

取消订阅移动内容服务对我来说不难。

[1] [2] [3] [4] [5] [6] [7]

使用手机浏览收到的移动信息对我来说很容易。

[1] [2] [3] [4] [5] [6] [7]

总的来说，使用移动内容服务对我来说是容易的。

[1] [2] [3] [4] [5] [6] [7]

信息质量：

目前，移动内容服务提供的信息内容与我的需求相关。

[1] [2] [3] [4] [5] [6] [7]

目前，移动内容服务提供的信息内容是丰富的。

[1] [2] [3] [4] [5] [6] [7]

目前，移动内容服务提供的信息准确、及时。

[1] [2] [3] [4] [5] [6] [7]

目前，移动内容服务提供的信息容易理解。

[1] [2] [3] [4] [5] [6] [7]

目前，移动内容服务提供的信息简短、扼要，不会遗漏重要内容。

[1] [2] [3] [4] [5] [6] [7]

目前，移动内容服务提供的信息格式便于浏览、查找。

[1] [2] [3] [4] [5] [6] [7]

感知声誉：

移动内容服务商在为客户提供产品和服务方面有不错的口碑。

[1] [2] [3] [4] [5] [6] [7]

我认为移动内容服务商有较好的品牌知名度。

[1] [2] [3] [4] [5] [6] [7]

移动内容服务商在为客户提供产品和服务方面的市场声誉不错。

[1] [2] [3] [4] [5] [6] [7]

移动运营商在提供移动增值服务方面有良好的历史声誉。

[1] [2] [3] [4] [5] [6] [7]

移动内容服务的市场反应不错。

[1] [2] [3] [4] [5] [6] [7]

我对目前市场提供的移动内容服务比较了解。

[1] [2] [3] [4] [5] [6] [7]

能力：

移动内容服务商有先进的技术满足客户对信息的需求。

[1] [2] [3] [4] [5] [6] [7]

移动内容服务商有专业的人才满足客户对信息的需求。

[1] [2] [3] [4] [5] [6] [7]

移动内容服务商有能力理解客户的信息需求。

[1] [2] [3] [4] [5] [6] [7]

移动内容服务商有能力满足客户的信息需求。

[1] [2] [3] [4] [5] [6] [7]

移动内容服务商有足够的资金实力发展移动内容服务。

[1] [2] [3] [4] [5] [6] [7]

善意：

移动内容服务商会考虑客户的利益。

[1] [2] [3] [4] [5] [6] [7]

移动内容服务商想了解客户的信息需求和爱好。

[1] [2] [3] [4] [5] [6] [7]

如果客户需要帮助，移动内容服务商会尽力帮助。

[1] [2] [3] [4] [5] [6] [7]

移动内容服务商总是希望为客户提供更好的服务。

[1] [2] [3] [4] [5] [6] [7]

移动内容服务商希望最大限度满足客户的需求，而不仅仅是为盈利。

[1] [2] [3] [4] [5] [6] [7]

总的来说，移动内容服务商对客户是充满善意的。

[1] [2] [3] [4] [5] [6] [7]

诚实：

移动内容服务商会信守客户服务的承诺。

[1] [2] [3] [4] [5] [6] [7]

移动内容服务商不会违法使用客户隐私信息。

[1] [2] [3] [4] [5] [6] [7]

移动内容服务商对内容产品的宣传是客观、诚实的。

[1] [2] [3] [4] [5] [6] [7]

移动内容服务商不会欺骗消费者的。

[1] [2] [3] [4] [5] [6] [7]

总的来说，移动内容服务商是诚实、可信的。

[1] [2] [3] [4] [5] [6] [7]

消费者满意：

移动内容服务商提供的信息基本能够满足我的需要。

[1] [2] [3] [4] [5] [6] [7]

总的来说，我的移动内容服务的体验是令人满意的。

[1] [2] [3] [4] [5] [6] [7]

我会给我的朋友推荐这项服务。

[1] [2] [3] [4] [5] [6] [7]

移动内容服务满足了我的期望。

[1] [2] [3] [4] [5] [6] [7]

总的来说，我获得的移动信息是我感兴趣的。

[1] [2] [3] [4] [5] [6] [7]

总的来说，我获得的移动信息是令人满意的。

[1] [2] [3] [4] [5] [6] [7]

个人信任倾向：

总的来说，大部分人会为他人考虑。

[1] [2] [3] [4] [5] [6] [7]

大部分时间，人们是在帮助他人，而不是寻求别人的帮助。

[1] [2] [3] [4] [5] [6] [7]

一般来说，大部分人会信守他们的承诺。

[1] [2] [3] [4] [5] [6] [7]

我认为人们都会努力用行动去支持他们的言语。

[1] [2] [3] [4] [5] [6] [7]

大部分人在与别人做交易时是诚实的。

[1] [2] [3] [4] [5] [6] [7]

我相信大部分专业人士在他们的专业领域是称职的。

[1] [2] [3] [4] [5] [6] [7]

以前的经验：

过去的经验告诉我，我能够获得好的移动内容服务。

[1] [2] [3] [4] [5] [6] [7]

我过去从移动运营商获得的增值服务是令人满意的。

[1] [2] [3] [4] [5] [6] [7]

移动运营商在为顾客提供优质服务方面做的工作是值得肯定的。

[1] [2] [3] [4] [5] [6] [7]

我过去与移动运营商打交道的过程是愉快的。

[1] [2] [3] [4] [5] [6] [7]

基于我过去的相关经验，我对获得满意的移动内容服务较乐观。

[1] [2] [3] [4] [5] [6] [7]

价格因素：

价格是我使用移动内容服务要考虑的主要因素之一。

[1] [2] [3] [4] [5] [6] [7]

使用移动内容服务的费用会增加我的财务负担。

[1] [2] [3] [4] [5] [6] [7]

价格是我采纳移动内容服务的主要障碍之一。

[1] [2] [3] [4] [5] [6] [7]

如果价格合理，我会使用移动内容服务的。

[1] [2] [3] [4] [5] [6] [7]

信任的态度：

我相信移动内容服务会实现商家承诺的预期效果。

[1] [2] [3] [4] [5] [6] [7]

我相信移动内容服务提供商会不断提高信息产品和服务的质量。

[1] [2] [3] [4] [5] [6] [7]

移动内容服务商的技术能力值得信任。

[1] [2] [3] [4] [5] [6] [7]

我相信移动内容服务商对客户是有诚信的。

[1] [2] [3] [4] [5] [6] [7]

我相信我能从移动内容服务商那里得到我需要的服务。

[1] [2] [3] [4] [5] [6] [7]

采纳的意向：

利用手机随时获得所需信息是个好主意。

[1] [2] [3] [4] [5] [6] [7]

我有可能订阅我所需要的移动内容产品。

[1] [2] [3] [4] [5] [6] [7]

我会考虑使用移动内容服务的。

[1] [2] [3] [4] [5] [6] [7]

我愿意让移动内容服务帮助我快速获得重要信息。

[1] [2] [3] [4] [5] [6] [7]

我愿意将移动内容服务作为我获取信息的一种方式。

[1] [2] [3] [4] [5] [6] [7]

总的来说，我愿意采纳移动内容服务。

[1] [2] [3] [4] [5] [6] [7]

使用的程度：

我经常使用移动内容服务。

[1] [2] [3] [4] [5] [6] [7]

我长期使用移动内容服务。

[1] [2] [3] [4] [5] [6] [7]

移动内容服务是我获得信息的渠道之一。

[1] [2] [3] [4] [5] [6] [7]

我对移动内容服务很熟悉。

[1] [2] [3] [4] [5] [6] [7]

性别：[ ] 男 [ ] 女	教育：[ ] 大学以下 [ ] 大学 [ ] 硕士 [ ] 博士	年龄： [ ] 18 以下 [ ] 18—23 [ ] 24—29 [ ] 30—34 [ ] 35—39 [ ] 40—44 [ ] 45—49 [ ] 50—59 [ ] 60 以上
使用状况：[ ] 从没有使用过 [ ] 短暂免费试用 [ ] 短暂付费订阅 [ ] 长期免费使用 [ ] 长期付费订阅		